LES SAPEURS-POMPIERS

ET LES VOLONTAIRES DE L'EURE

AUX INCENDIES DE PARIS

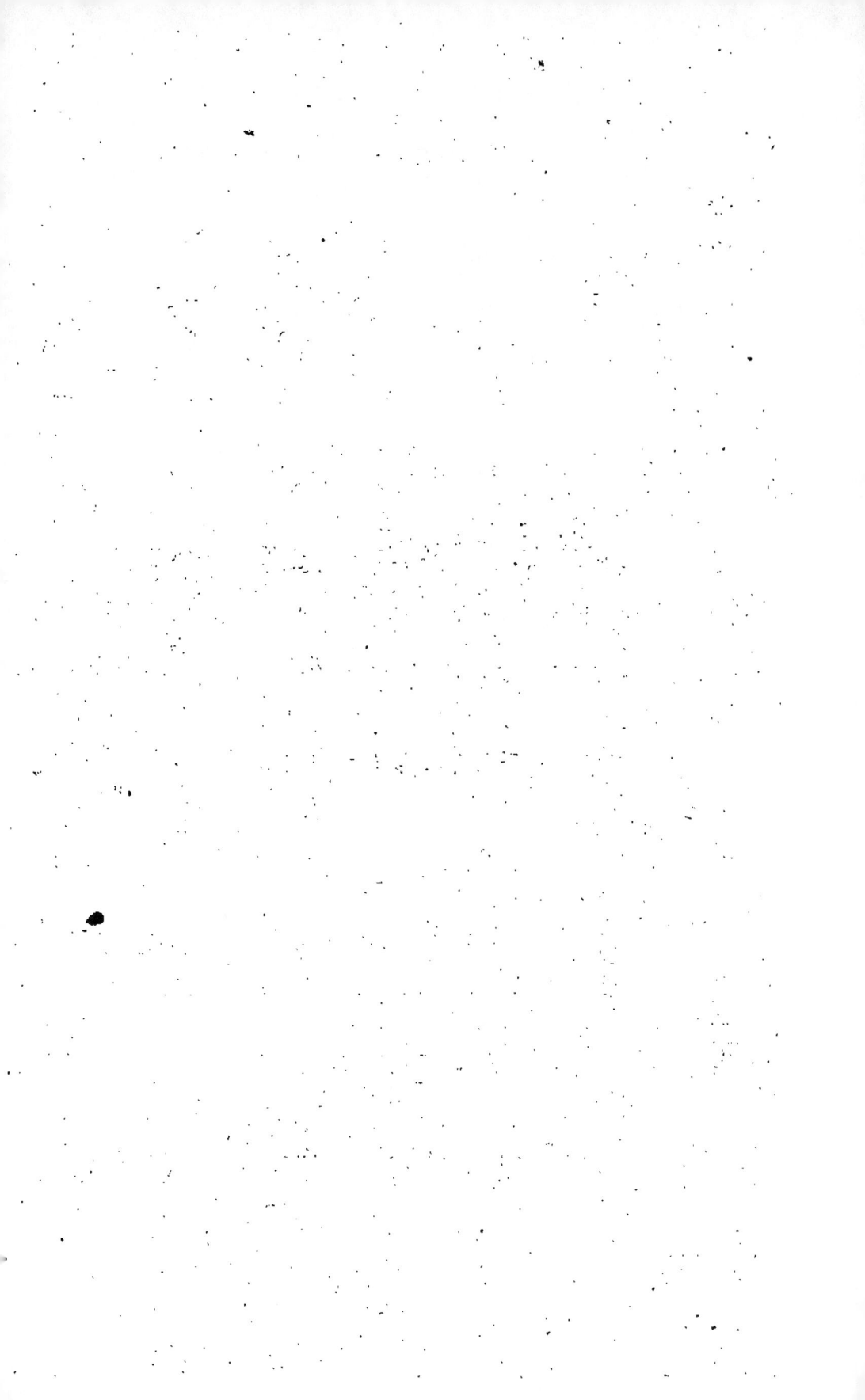

JOURNÉES DE MAI 1871

LES

SAPEURS-POMPIERS

ET LES

VOLONTAIRES

DE L'EURE

AUX INCENDIES DE PARIS

PAR

H. PELLATON

ÉVREUX

IMPRIMERIE DE ERNEST QUETTIER

Rue Chartraine, nº 33

—

1873

En écrivant ces lignes, je n'ai pas eu la prétention de faire un livre, j'ai voulu tout simplement consacrer le souvenir d'un grand acte de dévoûment et de patriotisme; j'ai voulu constater les loyaux services des citoyens courageux qui n'ont pas hésité à quitter leurs affaires et leurs familles pour aller, au milieu des plus grands dangers, combattre les incendies menaçant Paris d'une ruine complète.

Dans cette œuvre de salut, les sapeurs-pompiers de la province ont uni leur concours à celui de l'armée de Versailles : les soldats triomphaient de l'insurrection, les sapeurs-pompiers luttaient contre le fléau destructeur.

J'ai cru utile de mettre sous les yeux des lecteurs

le rapport si détaillé de l'intrépide maréchal de Mac-Mahon. En suivant les opérations de l'armée, on pourra suivre en même temps les travaux des sapeurs-pompiers combattant l'incendie allumé par les gens de la Commune, dans les positions qu'ils étaient forcés d'abandonner.

Grâce à la bienveillante obligeance de M. le baron Sers, préfet de l'Eure, qui a mis à ma disposition des documents authentiques, j'ai pu relater en détail les actes accomplis et les services rendus par les différents détachements des sapeurs-pompiers du département.

En regrettant vivement que plusieurs chefs de compagnie n'aient pas répondu à mes demandes réitérées, je suis heureux d'adresser mes plus sincères remercîments à ceux qui ont bien voulu me faire parvenir des renseignements.

H. PELLATON,

Sapeur volontaire.

Mars 1873.

L'ARMÉE

L'ARMÉE

—~~✕~—

L'armée destinée à faire le siége de Paris avait été créée par décret du Chef du pouvoir exécutif, du 6 avril 1871.

Lors de sa formation, elle comprenait l'armée de Versailles proprement dite, composée de trois corps d'armée sous les ordres du maréchal de Mac-Mahon, et l'armée de réserve sous les ordres du général Vinoy.

Les 1er et 2e corps, ainsi que l'armée de réserve, comptaient chacun trois divisions d'infanterie et une brigade de cavalerie légère ; deux batteries d'artillerie et une compagnie du génie étaient attachées à chaque division ; deux batteries à balles et deux batteries de 12 formaient la réserve d'artillerie de chacun de ces corps.

Le 3e corps, entièrement composé de cavalerie, comprenait trois divisions, à chacune desquelles était attachée une batterie à cheval.

La réserve générale de l'armée comprenait dix batteries et deux compagnies du génie.

L'armée, ainsi constituée, est placée, pour les opérations du siége, sous le commandement en chef du maréchal de Mac-Mahon : elle commence ses opérations le 11 avril.

A ce moment, Paris et les forts du sud étaient au pouvoir de l'insurrection ; seul, le Mont-Valérien restait entre les mains de l'armée de Versailles. Les troupes réunies dans cette ville, sous les ordres du général Vinoy, avaient occupé, dans les premiers jours d'avril, les positions de Châtillon, Clamart, Meudon, Sèvres et Saint-Cloud, ainsi que celles de Courbevoie et de la tête du pont de Neuilly, sur la rive droite de la Seine.

Telles étaient les positions respectives, lorsque, le 11 avril, le maréchal de Mac-Mahon, commandant en chef, indique à chacun des corps les emplacements à occuper et les dispositions à prendre.

Jusqu'au 20 mai, après une série de combats plus ou moins meurtriers, les troupes s'approchèrent de la place afin de tenter l'assaut.

21 MAI

Le feu des batteries de brèche qui avait cessé le 20, à huit heures du soir, reprend dès le matin, avec la même énergie. Les canons du Mont-Valérien, les batteries de Montretout et toutes les batteries de Boulogne, Issy et Vanves, dirigent sur Paris un feu tellement violent que l'enceinte ne répond que faiblement.

Les travaux sont poussés avec la plus grande activité, on élargit les cheminements pour les colonnes d'attaque. Le commandant en chef a déjà prescrit les dispositions générales pour l'assaut, qui sera donné le 22 ou le 23. Tout se prépare pour ce grand acte, lorsque le maréchal est informé par le général Douay, commandant les attaques de droite de la rive droite (4e corps, divisions Berthaut et L'Hérillier, et division Vergé de l'armée de réserve), que les gardes de tranchée entraient dans Paris par la porte de Saint-Cloud.

En effet, M. Ducatel, piqueur des ponts et chaussées, avait reconnu que les insurgés, exposés au feu de nos batteries, avaient abandonné le Point-du-Jour, et que la porte de Saint-Cloud était libre; il en avait donné avis aux gardes de tranchée.

Deux compagnies du 37e de ligne (division

Vergé), quelques sapeurs et quelques artilleurs portant des mortiers de quinze centimètres, pénètrent aussitôt, un par un, dans la place. La fusillade s'engage; une pièce de douze est retournée contre les insurgés, pendant qu'on établit une passerelle sur les débris du pont-levis. Les gardes de tranchée et les travailleurs sont amenés en grande hâte pour soutenir le combat.

Le maréchal commandant en chef, qui se trouvait en ce moment au Mont-Valérien, donne immédiatement connaissance à tous les commandants de corps d'armée de l'occupation de la porte de Saint-Cloud, et prescrit au général Clinchant, commandant l'attaque de gauche de la rive gauche (5ᵉ corps), au général Ladmirault, commandant le 1ᵉʳ corps et au général Vinoy, commandant l'armée de réserve, de faire les dispositions nécessaires pour entrer dans la place à la suite du corps du général Douay; il porte son quartier général à Boulogne.

Le général Berthaut, commandant la 1ʳᵉ division du 4ᵉ corps, suit les deux compagnies du 37ᵉ entrées les premières dans la place. La brigade Gandil, de cette division, y pénètre à six heures et demie, suivie de près par la brigade Carteret. Le général Berthaut avait pour mission de s'emparer du quadrilatère formé par les bastions 62 à 67, la Seine et le viaduc du chemin de fer de Ceinture, position importante qui constitue, dans l'intérieur des murs, une excellente place d'armes.

Cette opération s'exécute en longeant les fortifications par le boulevard Murat, de manière à tourner les défenses du pont-viaduc qui font face au Point-du-Jour et à s'emparer de la porte d'Auteuil, pour donner accès à d'autres colonnes.

La division Vergé entre dans Paris à sept heures et demie et se dirige, par la route de Versailles, vers le pont de Grenelle.

Les divisions Berthaut et L'Hérillier (4e corps), après s'être emparées de la porte d'Auteuil et du viaduc du chemin de fer, se portent en avant pour attaquer la seconde ligne de défense des insurgés située entre la Muette et la rue Guillon. Elles s'emparent de l'asile Sainte-Périne, de l'église et de la place d'Auteuil.

La division Vergé, sur leur droite, enlève une formidable barricade qui se trouvait sur le quai, à hauteur de la rue Guillon, puis se porte sur la forte position du Trocadéro qu'elle enlève, et y prend position, en y faisant 1,500 prisonniers.

De son côté, le général Clinchant entre dans la place vers neuf heures du soir, par la porte de Saint-Cloud, avec la brigade Blot, suivie de la brigade Brauer, tourne à gauche, et, suivant les boulevards Murat et Suchet, arrive à hauteur de la porte d'Auteuil; il dégage cette porte et permet ainsi à la brigade Cottret d'y pénétrer.

Le général Clinchant continue alors son mouvement le long des remparts par la route militaire, et s'empare de la porte de Passy. La brigade de Courcy entre dans la place par cette porte.

La position importante du château de la Muette, dont les défenses s'appuient aux remparts et se prolongent vers la Seine, devient l'objectif du général Clinchant.

Défendue par des fossés, des murs, des grilles, des batteries, elle était presque inattaquable du côté des remparts. Le général se porte vers l'est, la tourne et l'enlève.

Pendant ce temps, les divisions Grenier et Laveaucoupet, du 1er corps, se dirigent sur le bois de Boulogne et pénètrent dans la place, dès trois heures du matin, par les portes d'Auteuil et de Passy, la 3e division (général Montaudon) gardant ses positions de Neuilly et d'Asnières.

Les divisions Bruat et Faron, de l'armée du général Vinoy, étaient entrées dans Paris à deux heures du matin. La division Faron s'établit en réserve à Passy, la division Bruat a pour mission de franchir la Seine et d'enlever la porte de Sèvres pour faciliter l'entrée du 2e corps; la brigade Bernard de Seigneurens, de cette division, traverse, à cet effet, le pont-viaduc. Elle éprouve des difficultés à l'attaque du quartier de Grenelle, mais elle s'en empare au moment où les troupes du général de Cissey, qui ont forcé la porte de Sèvres, viennent la rejoindre.

La brigade Bocher, de la division Susbielle, formant la tête de colonne d'attaque du corps de Cissey, s'était massée, vers minuit, à 200 mètres de l'enceinte. Les sapeurs du génie s'approchent en silence de la porte de Sèvres, et établissent, avec des madriers disposés en rampe, un étroit passage, par lequel pénètre, homme par homme, une compagnie du 18e bataillon de chasseurs. Ce petit détachement s'élance sur le chemin de fer de Ceinture et s'empare de cette deuxième enceinte avant que l'éveil soit donné.

Il était deux heures et demie; la double enceinte sur la rive gauche se trouvait forcée, et les troupes de la brigade Bocher pouvaient ouvrir la porte de Versailles.

22 MAI

Les positions du Trocadéro et de la Muette, sur la rive droite, étant enlevées, la division Bruat et la tête du corps du général de Cissey occupant déjà une partie du quartier de Grenelle sur la rive gauche, le maréchal, dont le quartier général venait d'être transporté au Trocadéro, avait à régler la suite à donner aux opérations.

Les insurgés, qui avaient établi de nombreuses barricades, dont plusieurs étaient armées d'artillerie, à tous les carrefours principaux et près des portes, se défendaient encore avec énergie. Leurs principaux points de résistance paraissaient être Montmartre, la place de la Concorde, les Tuileries, la place Vendôme et l'Hôtel-de-Ville.

N'ayant pas l'espoir de pouvoir enlever ces positions dans la journée, le maréchal donne les instructions nécessaires pour occuper, s'il est possible, avant la nuit, des points qui lui permettent de les tourner dans la journée du lendemain.

Le corps du général Douay, à droite, doit occuper, le soir, le palais de l'Industrie, le palais de l'Elysée et le ministère de l'Intérieur.

Le général Clinchant, sur sa gauche, cherchera à se rendre maître de la gare de l'Ouest, de la caserne de la Pépinière et du collége Chaptal.

Le général Ladmirault, suivant le chemin de fer de Ceinture, s'avancera jusqu'à la porte d'Asnières.

Sur la rive gauche, le général de Cissey doit chercher à s'emparer de l'Ecole militaire et des Invalides, en les tournant par l'est, et, s'il est possible, de la gare du Montparnasse.

Le général Vinoy laissera la division Bruat sur la rive gauche pour appuyer le mouvement du général de Cissey, qui a été obligé de laisser six bataillons à la garde des forts et des batteries du sud.

A la fin de la journée, cette division occupera les écuries de l'Empereur et la Manufacture des tabacs.

La division Faron, du corps du général Vinoy, restera en réserve près du Trocadéro.

Telles étaient les principales dispositions adoptées pour la journée du 22.

Sur les six heures environ, après un instant de repos, les troupes, sur la rive droite, reprennent leur marche en avant. Les insurgés, revenus de leur première surprise, s'étaient portés aux batteries des buttes Montmartre, de la place de la Concorde et des Tuileries; ils balayent bientôt de leurs projectiles la place du Trocadéro et le quai de Billy.

Le général Douay commence le mouvement en avant; à droite, la division Vergé se dirige sur le palais de l'Industrie et sur celui de l'Elysée dont elle s'empare. Les divisions Berthaut et L'Hérillier tournent le rond-point de l'Etoile dont les défenses tombent entre leurs mains.

Le général Clinchant, formant un échelon un

peu en arrière de la gauche du général Douay, enlève la formidable barricade de la place d'Eylau et s'empare de la porte Dauphine.

Les généraux Douay et Clinchant continuent ensuite leur mouvement.

Les divisions Berthaut et L'Hérillier (corps Douay) s'engagent dans les rues Morny et Abbatucci, et se portent sur la caserne de la Pépinière et l'église Saint-Augustin, dont elles s'emparent après une vive résistance. Elles enlèvent ensuite une forte barricade construite au débouché des rues d'Anjou et de Suresnes, dont elles ne peuvent approcher qu'en cheminant à travers les maisons et les jardins.

Le corps du général Clinchant enlève, par sa droite, la place Fontaine et le parc Monceaux, puis le collége Chaptal, la place d'Europe et la gare Saint-Lazare; sa gauche s'empare des places Saint-Ferdinand, de Courcelles, de Wagram, fortement défendues, et enfin son extrême gauche, de la porte des Ternes, de la porte Bineau et de celle d'Asnières.

Le général Ladmirault appuie le mouvement de ces deux corps, et, avant la nuit, vient s'établir en arrière du chemin de fer de l'Ouest, sa gauche à la porte d'Asnières.

Le général Montaudon, qui était resté à la garde

des positions de Neuilly et d'Asnières, apercevant le mouvement du 5e corps, se porte en avant avec la brigade Lefebvre, s'empare du rond-point d'Inkermann, du village le Vallois-Perret, et de différentes batteries extérieures qu'il trouve armées de 105 pièces de canon; un de ses détachements occupe la porte Maillot.

Sur la rive gauche, la 2e brigade de la division Bruat, après avoir enlevé plusieurs barricades dans le quartier de Grenelle, doit appuyer le mouvement du général Vergé sur le palais de l'Industrie. Elle s'avance en longeant les quais, et s'empare du ministère des affaires étrangères et du palais législatif.

Les trois divisions du 2e corps, après avoir pénétré dans l'enceinte par les portes de Sèvres et de Versailles, exécutent les mouvements prescrits.

La division Susbielle, formant trois colonnes, se porte, sans rencontrer de résistance, sur le Champ-de-Mars où elle débouche à sept heures du matin, après avoir enlevé la caserne Dupleix. L'École militaire ainsi tournée est bientôt occupée, presque sans coup férir. Un parc de 200 pièces de canon, d'énormes dépôts de poudre et des magasins considérables d'effets, de vivres et de munitions tombent entre nos mains.

Au centre, la division Lacretelle, après avoir

enlevé brillamment les vastes bâtiments crénelés du collége des Jésuites, flanqués de fortes barricades, ainsi que les barricades qui protégent la mairie du 15ᵉ arrondissement, s'avance par les rues Lecourbe et Croix-Nivert jusqu'à la place Breteuil où elle s'établit.

A la droite, la division Levassor-Sorval s'avance en trois colonnes vers le chemin de fer de l'Ouest.

Le général Osmont, longeant les fortifications, enlève la porte de Vanves et une forte barricade armée d'artillerie à l'intersection du chemin de fer de Ceinture et de la voie ferrée de l'Ouest. Le colonel Boulanger, à la tête du 114ᵉ de ligne, se dirige par les rues Dombasle et Vouillé, et s'établit sur la voie ferrée au sud de la gare des marchandises.

La brigade Lian, prenant la rue de Vaugirard, s'avance sans obstacle jusqu'au boulevard Vaugirard, et, de là, se porte rapidement en deux colonnes sur la gare Montparnasse, s'en empare et s'y fortifie.

Ainsi, à la fin de la journée, sur la rive gauche, la ligne des postes avancés s'appuie à la Seine, au Corps législatif, passe par les Invalides, la place de Breteuil, forme saillant à la gare de l'Ouest, et vient, en suivant la voie ferrée, s'appuyer aux fortifications à la porte de Vanves.

23 MAI

L'enlèvement des buttes Montmartre constitue la grande opération de la journée du lendemain.

Les hauteurs de Montmartre ayant la plus grande partie de leurs barricades et de leurs batteries dirigées au sud vers l'intérieur de Paris, le plan d'attaque consiste à tourner les défenses et à les enlever en cherchant à s'élever sur ces hauteurs par les côtés opposés. Le général Ladmirault doit attaquer par le nord et l'est; le général Clinchant, par l'ouest.

Les troupes d'attaque se mettent en mouvement à quatre heures du matin. La division Grenier, longeant les fortifications, débusque l'ennemi des bastions et enlève, avec le plus grand entrain, tous les obstacles. Arrivée à hauteur de la rue Mercadet, la brigade Abbatucci poursuit sa marche sur les boulevards Bessières et Ney, enlève les barricades de la porte Clignancourt, le pont du chemin de fer du Nord, et atteint la gare des marchandises, où elle tourne à droite, pour s'élever sur les buttes par les rues des Poissonniers et de Labat; elle atteint la rue Mercadet, et se trouve arrêtée dans un quartier hérissé de barricades entre le chemin de fer et le boulevard Ornano. La brigade Pradier, qui a suivi la rue Mercadet, avance lentement sous le feu plongeant des buttes et du cimetière Montmartre, où elle ne pénètre qu'après les plus grands efforts.

La division Laveaucoupet se prolonge le long des fortifications et atteint les rues des Saules et du Mont-Cenis, par lesquelles elle doit aborder les hauteurs de Montmartre.

De son côté, le 5e corps (Clinchant), suivant le boulevard des Batignolles et les rues parallèles, s'empare de la mairie du 17e arrondissement, de la grande barricade de la place Clichy, et, longeant le pied sud des buttes, franchit tous les obstacles et pénètre dans le cimetière par le sud, en même temps que les têtes de colonne du 1er corps y entrent par le nord.

A ce moment, les hauteurs de Montmartre se trouvent entourées au nord et à l'ouest par les troupes du 1er et du 5e corps. Une attaque générale a lieu par toutes les rues, qui, de ces deux côtés, gravissent les pentes.

Le corps Clinchant s'élevant par la rue Lepic, s'empare de la mairie du 18e arrondissement.

La brigade Pradier, du 1er corps, à la tête de laquelle marchent les volontaires de la Seine, arrive la première à la batterie du Moulin de la Galette; bientôt après, une compagnie du 10e bataillon de chasseurs, soutenue par les attaques vigoureuses du général Wolff, plante le drapeau tricolore sur la tour de Solférino. Il était une heure.

Nous étions maîtres de la grande forteresse de la Commune, du réduit de l'insurrection, position formidable d'où les insurgés pouvaient couvrir tout Paris de leurs feux. Plus de 100 pièces de canon et des approvisionnements considérables en armes et munitions tombent entre nos mains.

La division Montaudon, du 1ᵉʳ corps, qui n'a point concouru à l'enlèvement des buttes, se dirige vers l'embarcadère du Nord et conquiert les barricades armées d'artillerie du boulevard Ornano et de la rue Myrrha.

Le corps Clinchant, de son côté, descendant les pentes de Montmartre, enlève la place Saint-Georges, Notre-Dame-de-Lorette et le collége Rollin.

Pendant ce temps, le corps Douay, pivotant sur sa droite, se porte par sa gauche sur Notre-Dame-de-Lorette, enlève le carrefour de la rue Lafayette et de la rue du Faubourg-Montmartre, et, se rabattant par la rue Drouot sur le boulevard, prend la mairie du 9ᵉ arrondissement et le grand Opéra. Par sa droite, cheminant à travers les maisons et les jardins, il enlève avec de grandes difficultés la rue Royale et la place de la Madeleine.

Sur la rive gauche, le 2ᵉ corps exécute un grand mouvement de conversion sur sa gauche, de manière à tourner et envelopper toutes les défenses du quartier de l'Observatoire.

Le général Levassor-Sorval, après s'être emparé de la forte barricade du boulevard du Maine, à la jonction de la rue de Vanves, ainsi que du cimetière Montparnasse, porte ses efforts sur la place Saint-Pierre, où les insurgés s'abritent derrière une forte barricade armée d'artillerie. Tandis qu'un bataillon du 114ᵉ s'avance par la rue d'Alesia, un bataillon du 113ᵉ, longeant les remparts, s'empare du bâtiment d'octroi du bastion 79, tournant ainsi les barricades de la rue de Châtillon. Les insurgés se voyant près d'être cernés, abandonnent leur formidable position et les 8 pièces de canon qui la défendent.

La place d'Enfer et le marché aux chevaux sont en même temps vigoureusement enlevés.

Pendant ce temps, les divisions Susbielle et Lacretelle ont gagné du terrain en avant.

Les troupes du général Lacretelle s'emparent de la caserne de Babylone, de l'Abbaye-aux-Bois et attaquent le carrefour de la Croix-Rouge, où l'ennemi se défend avec des forces considérables. On ne peut s'en rendre maître que bien avant dans la nuit.

De son côté, le général Bocher (division Susbielle) enlève vigoureusement les barricades des
rues Martignac et Bellechasse, se rend maître
de la rue de Grenelle et de la caserne Bellechasse,
où les insurgés éprouvent de grandes pertes.

Les fusiliers-marins de la division Bruat et le
46e de ligne (brigade Bocher) se portent en avant
en même temps par les rues de l'Université et de
Grenelle, s'emparent du ministère de la guerre, de
la direction du télégraphe et de toutes les barricades jusqu'à la rue du Bac, et portent leurs têtes
de colonne à Saint-Thomas-d'Aquin.

Dans la soirée, deux barricades de la rue de
Rennes, qui tenaient la gare Montparnasse en échec,
sont tournées et prises par la division Levassor-
Sorval qui s'empare de la Maternité, de la rue Va-
vin et pousse ses têtes d'attaque jusqu'aux abords
du Luxembourg.

La ligne de bataille de l'armée, le 23 au soir, dé-
bordant par ses ailes le centre de Paris, formait
un immense angle rentrant, avec son sommet à la
place de la Concorde et les côtés appuyés, à gauche,
à la gare des marchandises du Nord, et, à droite,
au bastion 81, près de la porte d'Arcueil.

24 MAI

La journée du 24 mai comptera parmi les plus

sinistres dans l'histoire de Paris. C'est la journée des incendies et des explosions. Le ciel reste obscurci pendant tout le jour par la fumée et les cendres.

Déjà, la veille, un immense incendie dévorait le palais de la Légion d'honneur, la Cour des comptes et le Conseil d'Etat; les Tuileries avaient brûlé toute la nuit et, dès l'aube, l'incendie atteignait le Louvre et menaçait les galeries de tableaux.

Dans la matinée, de nouveaux incendies se déclarent au ministère des finances, au Palais-Royal, dans la rue de Rivoli, dans la rue du Bac, au carrefour de la Croix-Rouge.

Le Palais-de-Justice, le Théâtre-Lyrique, l'Hôtel-de-Ville sont livrés aux flammes quelques heures plus tard.

Tout le cours de la Seine, en amont du palais législatif, paraît en feu.

A l'horreur qu'inspirent ces immenses foyers, viennent s'ajouter des explosions considérables dans les quartiers de la Sorbonne et du Panthéon.

Le maréchal donne des ordres pour qu'un grand effort soit fait sur le centre, afin de conjurer l'incendie des monuments enflammés et préserver du feu et des explosions ceux qui ne sont pas encore atteints, et surtout le Louvre.

Dans ce but, le corps de Cissey a pour mission

de s'emparer du Luxembourg et de la forte position du Panthéon, clef de tout le quartier des Écoles.

Dès le point du jour, la division Bruat se porte en avant, balaye tout ce qui est devant elle entre la Seine et la rue Taranne et s'empare successivement de l'École des Beaux-Arts, de l'Institut, de la Monnaie, des barricades de la rue Taranne et lance ses fusiliers-marins vers le Luxembourg.

Pendant ce temps, les brigades Bocher et Paturel, du corps de Cissey, se dirigent, par les rues d'Assas et Notre-Dame-des-Champs, de manière à tourner l'édifice par l'ouest et le sud.

Au signal de la charge, ces troupes, formant trois colonnes, se précipitent sous une grêle de balles et s'emparent du Luxembourg, sous le feu des canons des barricades de la rue Soufflot.

Pour assurer la possession du palais, le 17e bataillon de chasseurs à pied traverse en courant le boulevard, enlève vaillamment la première barricade de la rue Soufflot, et débusque les insurgés des rues Cujas et Malebranche.

A la droite, la division Levassor-Sorval s'empare du parc de Montsouris, de l'asile des Aliénés, opère un changement de front en avant sur la gauche, et se dirige de manière à tourner le Panthéon par l'est. Elle enlève le Val-de-Grâce, atteint la rue Mouffetard et tourne à gauche pour marcher droit sur le Panthéon.

A l'aile gauche, la division Lacretelle, qui a pour mission de s'emparer du boulevard Saint-Germain et de déborder le Panthéon par le nord, enlève une barricade rue de Rennes, et poursuit sa marche à travers la place et la rue Saint-Sulpice, les rues Racine et de l'École-de-Médecine. Les colonnes atteignent le boulevard sans le dépasser. Vers quatre heures, notre artillerie ayant éteint le feu des batteries des insurgés établies au pont Saint-Michel, la division Lacretelle franchit le boulevard et s'empare de la place Maubert et du lycée Louis-le-Grand.

Les trois divisions du corps de Cissey marchent alors vigoureusement en avant sur le Panthéon ; les insurgés, menacés de tous les côtés, prennent la fuite, laissant sur le terrain un grand nombre des leurs.

Sur la rive droite, la division Berthaut (corps Douay) se porte vers deux heures du matin sur la place Vendôme, s'en empare presque sans coup férir, enlève le Palais-Royal, et dirige ses efforts sur les Tuileries, afin d'arrêter les progrès de l'incendie, et sur le Louvre, pour préserver des flammes les richesses artistiques qu'il renferme.

La division l'Hérillier s'élançait de son côté rapidement sur la Banque, s'y établissait solidement et poussait ses têtes de colonne à la Bourse, à la Direction des postes et à l'église Saint-Eustache.

La division Vergé (corps Vinoy), après avoir porté ses efforts sur l'incendie du Louvre, dépassait l'église Saint-Germain-l'Auxerrois, et vers neuf heures du soir, la brigade Daguerre atteignait la place de l'Hôtel-de-Ville et s'emparait de la caserne de Lobau.

Le corps Clinchant a l'ordre d'occuper par sa droite la place de la Bourse, et de se relier par sa gauche avec le 1er corps vers le Château-d'Eau.

La division Garnier, franchissant tous les obstacles, enlève le Conservatoire de musique, l'église Saint-Eugène, le Comptoir d'escompte, traverse le boulevard Montmartre, touche à la Bourse, tourne à gauche, vient s'emparer du formidable ouvrage de la Porte-Saint-Denis, et porte ses avant-postes jusqu'au boulevard de Strasbourg.

La division Duplessis, marchant droit devant elle, enlève le square Montholon, l'église Saint-Vincent-de-Paul, la caserne de la Nouvelle-France et la barricade au carrefour du boulevard Magenta et de la rue de Chabrol.

Le corps Ladmirault a pour objectif l'occupation des gares du Nord et de l'Est.

La division Montaudon, chargée de cette opération, quitte son bivouac de la porte Clignancourt à six heures et demie, et se met en marche sur deux colonnes. Le 31e de ligne qui tient la tête de colonne achève la conquête du pâté de maisons qui domine la gare des marchandises, et après avoir tourné, par l'église Saint-Bernard, les barricades de la rue Stephenson, il se trouve maître de la gare du Nord vers midi et demi. Le 36e de marche, qui doit occuper la gare du Nord, ne peut en approcher qu'en cheminant à travers les maisons et les jardins. Il arrive avec de grandes difficultés à hauteur de la rue de Dunkerque, se jette sur la barricade qui protége l'accès de la gare, s'en empare ainsi que des mitrailleuses qui la défendent, et pénètre de vive force dans la gare.

Les troupes de la division Grenier, qui doivent appuyer celles de la division Montaudon et les relier au corps Clinchant, viennent occuper, à l'intersection des boulevards Ornano et Rochechouart, un fort ouvrage sur lequel les insurgés font un retour offensif, qui est vigoureusement repoussé. La brigade Abbatucci gagne alors la gare du Nord, tandis que la brigade Pradier enlève une forte barricade dans la rue Lafayette, près de Saint-Vincent-de-Paul, où elle s'établit.

La division Laveaucoupet occupe les hauteurs de Montmartre, et travaille aux batteries destinées à combattre celles des insurgés sur les buttes Chaumont.

Dans la soirée du 24, nous sommes maîtres de plus de la moitié de Paris et des grandes forteresses de la Commune, telles que Montmartre, la place de la Concorde, l'Hôtel-de-Ville et le Panthéon. Le front de bataille forme une ligne à peu près droite, s'étendant depuis les gares des chemins du Nord et de l'Est jusqu'au parc de Montsouris.

Le maréchal avait porté, dès le matin du 25, son quartier général au ministère des affaires étrangères.

25 MAI

Le but principal des opérations dans cette journée est de faire un mouvement en avant par l'aile droite, de s'emparer de la butte aux Cailles sur la rive gauche, et, sur la rive droite, de la place de la Bastille et du Château-d'Eau, de manière à refouler l'insurrection dans les quartiers de Ménilmontant et Belleville.

A l'extérieur de Paris, le lieutenant-colonel Leperche, avec quelques détachements du 2ᵉ corps, a continué l'investissement du fort de Montrouge ; il s'en empare, ainsi que du fort de Bicêtre dans la matinée. En même temps une reconnaissance du corps du Barail occupe la redoute des Hautes-Bruyères et Villejuif.

Vers deux heures, à la suite du désordre produit dans le fort d'Ivry par l'explosion de la poudrière, un détachement du 4ᵉ dragons, vigoureusement appuyé par deux escadrons du 7ᵉ régiment de chasseurs, se lance rapidement à l'assaut du fort et s'en rend maître.

L'insurrection sur la rive gauche, dans l'intérieur de Paris, se trouve concentrée sur la place d'Italie et la butte aux Cailles, où elle semble décidée à opposer la plus vive résistance.

Le général de Cissey donne des ordres pour prendre à revers ces positions en les tournant à droite et à gauche par les fortifications.

Pour favoriser cette attaque, des batteries destinées à battre ces positions avaient été établies dans la nuit au bastion 81, à l'Observatoire et sur la place d'Enfer.

Les colonnes se mettent en mouvement vers midi.

A la droite, la brigade Lian quitte le parc de Montsouris, et se frayant un passage entre le chemin de fer de Ceinture et les fortifications, enlève successivement toutes les portes qu'elle fait occuper, atteint le pont Napoléon qu'elle masque, tourne à gauche, en suivant le remblai du chemin de fer d'Orléans, et s'empare de la gare aux marchandises. La brigade Osmont se déploie à l'abri de l'asile

Sainte-Anne, franchit la Bièvre, se lance à l'assaut de la butte aux Cailles, à travers les enclos et les jardins, occupe l'avenue d'Italie et la route de Choisy.

Au centre, la brigade Bocher, formée en trois colonnes, débouche par la rue Corvisart, les boulevards Arago et de Port-Royal, enlève les Gobelins que les insurgés incendient en les abandonnant, prend la barricade du boulevard Saint-Marcel, et arrive à la mairie du 13e arrondissement en même temps que le général Osmont. Les insurgés, attaqués de front et de flanc, s'enfuient en désordre, laissant en nos mains 20 canons, des mitrailleuses et des centaines de prisonniers. Le général Bocher continue sa marche par les boulevards de l'Hôpital et de la Gare, et atteint les insurgés dans leur dernier refuge, derrière une forte barricade, sur la place Jeanne-d'Arc. Ils se rendent tous à discrétion, au nombre de sept cents.

A la gauche, le général Lacretelle se porte en avant, par le sud de la Halle-aux-Vins, franchit le Jardin-des-Plantes et arrive à la gare d'Orléans déjà occupée par la division Bruat. L'armée de réserve (général Vinoy) se met en mouvement à huit heures du matin, en trois masses principales. A droite, la division Bruat quitte la rue Saint-André-des-Arts, et longeant les quais, traverse la

Halle-aux-Vins, pénètre dans le Jardin-des-Plantes et enlève avec beaucoup d'entrain la gare d'Orléans. Au centre, la brigade La Mariouse suit les quais de la rive droite, atteint par le quai Morland le Grenier d'abondance que les insurgés incendient en l'abandonnant. Elle ne peut franchir le canal de l'Arsenal, dont la chaussée est balayée à la fois par une batterie du boulevard Bourdon et par les ouvrages du pont d'Austerlitz.

Alors le génie construit, sous la protection de la flottille, une passerelle sur le canal près du fleuve; le 35e de ligne, franchissant le canal sur cette passerelle, passe sous le pont d'Austerlitz, monte sur le quai de la Râpée et s'empare des défenses du pont d'Austerlitz. Le pont de Bercy est en même temps enlevé, et, à la nuit, la gare du chemin de fer de Lyon et la prison de Mazas sont occupées.

A la gauche, la division Vergé, qui est rentrée sous le commandement du général Vinoy, doit tourner la place de la Bastille par le nord; elle enlève brillamment les barricades des rues Castex, de la Cerisaie et de Saint-Antoine, s'empare de la place Royale, mais, vu l'heure avancée, ne peut terminer son mouvement tournant et s'emparer de la Bastille.

Dans cette journée, la flottille prête un appui des plus efficaces aux colonnes de l'armée de réserve qui combattent sur les deux rives de la Seine.

Dans la soirée du 24, les canonnières avaient tiré quelques coups de canon sur les barricades des quais. Le 25, elles remontent la Seine jusqu'à la hauteur des têtes d'attaque, battent le quai des Célestins et ceux de la Cité ; peu après, devançant les colonnes, elles marchent à toute vitesse en tirant à mitraille, et viennent s'établir à 100 mètres du musoir du canal Saint-Martin, prenant d'écharpe toute la ligne d'insurgés qui se pressent sur les quais, et contre-battant les défenses du canal. Aussitôt le pont d'Austerlitz enlevé, les canonnières, précédant les colonnes, remontent jusqu'au-delà du pont de Bercy dont elles facilitent l'occupation.

Le corps Douay appuie le mouvement du corps Clinchant sur le Château-d'Eau ; à cet effet, il s'empare de l'Imprimerie nationale, enlève les barricades des rues Charlot et de Saintonge, et s'avance jusque sur le boulevard du Temple près duquel il bivouaque, entretenant toute la nuit un feu des plus vifs avec les insurgés.

Le corps Clinchant est chargé de l'attaque de la place du Château-d'Eau. Les vastes bâtiments de la caserne du Prince-Eugène et les Magasins-Réunis étaient reliés par une grande et solide barricade. Cette fortification couvrait, avec la Bastille, le quartier de Belleville et les Buttes-Chaumont, dernier refuge de l'insurrection. Toutes les forces du corps Clinchant concourent à son enlèvement.

La brigade de Courcy quitte la rue du Faubourg-Poissonnière à quatre heures du matin, s'avance entre le boulevard et la rue Paradis, établit des batteries près de l'église Saint-Laurent et dans la rue du Château-d'Eau pour combattre celles des insurgés, et conquiert successivement la mairie du 10e arrondissement et le théâtre des Folies-Dramatiques, les barricades du boulevard, celles de la rue du Château-d'Eau, franchit le boulevard Magenta, et s'établit dans les maisons de la rue Magnan ; de là elle se précipite sur la porte de la caserne du Prince-Eugène, dans la rue de la Douane ; la porte est enfoncée par le génie, et la tête de colonne (2e provisoire) s'élance dans l'intérieur et s'en rend maître.

La brigade Blot, appuyant l'attaque de la brigade de Courcy, se porte d'abord droit devant elle, enlève brillamment la double barricade du carrefour des boulevards Magenta et de Strasbourg, s'empare de l'église Saint-Laurent, de l'hôpital Saint-Martin, de la barricade de la rue des Récollets, tourne alors à droite, et, après avoir délogé les insurgés des barricades du quai Valmy et de la rue Dieu, s'empare de l'entrepôt de la douane.

Pendant ce temps la division Garnier, qui a bivouaqué à la Bourse et dans la rue des Jeûneurs, s'avance par les rues parallèles au boulevard et se porte sur l'église Saint-Nicolas-des-Champs, poste avancé du Château-d'Eau.

Les troupes prennent d'assaut ou en les tournant toutes les barricades dans les rues Montorgueil, des Deux-Portes-Saint-Sauveur, des Gravilliers, au carrefour des rues Turbigo et Réaumur; enlèvent les barricades des rues Meslay, de Nazareth et de Vertbois; entourent l'église de Notre-Dame-des-Champs, qui tombe en nos mains, en même temps que le Conservatoire des Arts et Métiers, entraînant dans leur chute le marché Saint-Martin et son parc d'artillerie, l'école Turgot, le marché et le square du Temple et de nombreuses barricades dans les rues voisines.

La tête de colonne de la brigade de Brauer pousse jusqu'au boulevard du Temple, et le 14e provisoire s'empare du passage Vendôme et du théâtre Déjazet. Dans la nuit, le 2e provisoire (brigade de Courcy) pénètre dans les Magasins-Réunis.

Le corps de Ladmirault, qui doit concourir à l'attaque des buttes Chaumont, prépare son mouvement en cherchant à occuper les principaux points de passage du canal Saint-Martin et en se prolongeant par sa gauche le long des fortifications; il s'empare dans ce but, à droite, de l'usine à gaz, de

l'école professionnelle et des abords de la rotonde
de la Villette, et à gauche, des bastions 36, 35, 34
et 33.

Dans la soirée du 25 mai, toute la rive gauche
était en notre pouvoir, ainsi que les ponts de la
Seine ; la prison de Mazas et le Château-d'Eau
étaient enlevés, la Bastille et la rotonde de la Villette menacées.

26 MAI

Les opérations de la journée du 26 doivent être
dirigées de manière à repousser les insurgés entre les
fortifications, le canal de l'Ourcq, le canal St-Martin
le boulevard Richard-Lenoir, la place de la Bastille,
la rue du Faubourg-Saint-Antoine, la place du
Trône et le cours de Vincennes, de façon à ce que,
dans la journée du 27, les corps des ailes, c'est-à-
dire ceux des généraux Ladmirault et Vinoy, puis-
sent, en longeant la ligne des fortifications, venir
s'emparer des hauteurs qui, près des portes des
Prés-Saint-Gervais, de Romainville et de Ménilmontant, dominent toutes les positions occupées
par les insurgés, c'est-à-dire les Buttes-Chaumont,
le cimetière du Père-Lachaise et les barricades des
boulevards extérieurs de Belleville, Ménilmontant
et Charonne.

De ces hauteurs, les troupes de ces deux corps

doivent descendre sur les positions des insurgés et s'en emparer successivement, en les repoussant sur la ligne occupée par les corps du centre (Douay et Clinchant).

L'armée du général Vinoy doit s'emparer de la Bastille et de la place du Trône en exécutant un changement de front sur son aile gauche, pendant que les corps Douay et Clinchant s'établiront sur la ligne du canal Saint-Martin, et que le corps Ladmirault s'étendra par sa gauche le long des fortifications.

La place de la Bastille étant inabordable par les boulevards et les rues de l'ouest doit être tournée par l'est. Le général Derroja est chargé de cette opération, qu'il doit exécuter en profitant du remblai du chemin de fer de Vincennes. A cet effet, la brigade Derroja se porte à deux heures du matin, par le quartier de Bercy, jusqu'à l'embarcadère de Bel-Air, enlève le poste-caserne du bastion n° 8, tourne à gauche, et, suivant la voie ferrée, où elle est assaillie par un feu violent sur son flanc droit, gagne la gare de Vincennes dont elle s'empare.

De son côté, la brigade La Mariouse, secondée par la brigade Langourian, enlève les barricades de l'avenue Lacuée et du boulevard Mazas, à l'ouest du chemin de fer, et atteint la rue du Faubourg-Saint-Antoine, par les rues barricadées entre les hospices Eugénie et des Quinze-Vingts. Pendant ce temps, la division Vergé, franchissant le boulevard Beaumarchais, enlève brillamment les barricades des rues de la Roquette, de Charonne et du Faubourg-Saint-Antoine. Toutes les défenses de la place de la Bastille se trouvent ainsi tournées, et les insurgés qui ne sont pas tués ou pris se réfugient vers la place du Trône.

Maître de la Bastille, le général Vinoy dirige, vers deux heures, ses colonnes d'attaque sur la place du Trône.

La brigade La Mariouse, suivant la rue Frard et le boulevard Mazas, se trouve arrêtée par l'ennemi, solidement établi dans la caserne Reuilly et derrière une formidable barricade construite à l'intersection des rues de Reuilly et du Faubourg-Saint-Antoine. Le 35e de ligne enlève avec vigueur la caserne, mais ne peut s'emparer de la barricade qu'après l'avoir contre-battue avec de l'artillerie.

La brigade Derroja, quittant la voie ferrée, se porte sur la place du Trône par le boulevard Mazas et la rue Picpus. La brigade Bernard de Seigneurens, suivant les quais de la Râpée, se dirige par les boulevards de Bercy, de Reuilly et de Picpus. Enfin la brigade Grémion occupe les postes des fortifications, depuis la Seine jusqu'à la porte de Vincennes. Vers huit heures du soir, les insurgés, résolument abordés par les brigades Derroja et Bernard de Seigneurens, sont délogés de la place du Trône, mais nos soldats, exposés au feu des batteries placées près de la mairie du 11e arrondissement, ne peuvent s'y maintenir et bivouaquent dans les rues voisines.

Le corps Douay, dont les troupes bordent les boulevards du Temple, des Filles-du-Calvaire et Beaumarchais, franchit vaillamment cette ligne sous une pluie de balles et se rend maître, après une lutte acharnée, du grand triangle formé par la ligne des boulevards et par le boulevard Richard-Lenoir.

C'est en dirigeant sa tête d'attaque que le général Leroy de Dais est frappé mortellement dans la rue Saint-Sébastien.

Le corps Clinchant s'empare au point du jour du théâtre du Prince-Impérial et du cirque Napoléon, et, cheminant à travers les maisons, il s'établit le long du canal. Ses troupes supportent bravement toute la journée un feu violent d'artillerie venant des Buttes-Chaumont et du Père-Lachaise.

Le corps Ladmirault, à la gauche, achève de préparer son mouvement sur les Buttes-Chaumont: dans ce but, il s'empare des barricades des rues Riquet, de Flandre et de Kabylie, qui assurent la possession de la place de la Rotonde, dont les insurgés sont débusqués, après avoir toutefois incendié la raffinerie de sucre et les magasins de la douane. La brigade Dumont, se prolongeant vers la gauche, conquiert la ligne du canal Saint-Denis, enlève les bastions 29, 28, 27 et 26, et atteint l'abattoir général.

La ligne de bataille de l'armée forme, dans la soirée, une demi-circonférence s'étendant de la porte de Vincennes à la porte du canal de l'Ourcq, en suivant la rue du Faubourg-Saint-Antoine, le boulevard Richard-Lenoir, le canal Saint-Martin, et le bassin de la Villette.

27 MAI

Les insurgés, chassés de leurs positions de la place du Trône, de la Bastille, du Château-d'Eau et de la rotonde de la Villette, se sont réfugiés sur les Buttes-Chaumont et les hauteurs du Père-Lachaise.

Leurs batteries dirigent un feu violent sur notre ligne de bataille, mais depuis trois jours la batterie de Montmartre répond à leur feu, balaye les buttes de ses projectiles, et prépare ainsi l'attaque des dernières positions de l'insurrection.

Pendant que les corps Douay et Clinchant se tiendront sur la défensive sur le boulevard Richard-Lenoir et sur le canal, le corps de Ladmirault et l'armée de réserve attaqueront les positions des insurgés en les enveloppant par l'est.

Les Buttes-Chaumont et les hauteurs du Père-Lachaise forment deux contre-forts qui ont leur origine à l'est, près des remparts, entre les portes de Romainville et de Ménilmontant. C'est vers ce point, qui domine les buttes et le sommet du Père-Lachaise de 25 à 30 mètres, que l'aile gauche du corps Ladmirault et l'aile droite de l'armée de réserve (général Vinoy) devront se réunir pour se porter ensemble à l'ouest, sur les positions des insurgés.

A cet effet, le 1er corps (général Ladmirault) se dirige vers les Buttes-Chaumont, en formant des échelons, l'aile gauche en avant. La colonne formant l'échelon de gauche suivra la rue militaire, le long des fortifications ; les autres colonnes ne devront se mettre en mouvement que successivement, lorsque l'échelon qui les précède aura enlevé les hauteurs qui sont à leur gauche.

L'armée de réserve (général Vinoy) exécutera une opération semblable, l'aile droite en avant ; l'échelon de droite suivra les boulevards Davoust et Mortier, le long des remparts, pour venir se joindre à l'échelon tête de colonne du corps de Ladmirault, sur les hauteurs indiquées, entre les rues de Belleville et de Ménilmontant.

Les colonnes des ailes marchantes du corps Ladmirault et de l'armée de réserve (général Vinoy) étant réunies, tous les échelons exécuteront un mouvement de conversion vers l'ouest, de manière à envelopper les insurgés, et à les rejeter vers le canal Saint-Martin et le boulevard Richard-Lenoir.

La division Grenier, qui forme l'aile gauche du corps Ladmirault, se met en mouvement à six heures et demie : l'échelon de gauche franchit le canal de l'Ourcq, s'empare du poste-caserne du bastion 26, enlève la porte de Pantin, et se rend maître des bastions 24, 23 et 22.

Les échelons en arrière de cette division s'emparent des barricades de la rue de Flandre ; la compagnie d'éclaireurs, lieutenant Muller, enlève brillamment la mairie du 19ᵉ arrondissement et l'église Saint-Jacques.

Les troupes entretiennent alors une vive fusillade contre l'ennemi embusqué dans les jardins et les maisons de Belleville, pendant que des batteries établies dans les bastions 25 et 24, sur la voie ferrée, et en avant du marché aux bestiaux, canonnent les hauteurs de Belleville.

La division Montaudon, qui forme les échelons de droite, se met en mouvement à onze heures.

La brigade Dumont tourne le bassin de la Villette en franchissant la place de la Rotonde, enlève les barricades de la rue d'Allemagne et s'établit au marché de la rue de Meaux.

La brigade Lefebvre, à l'aile droite, se concentre dans les rues de la Butte-Chaumont et du Terrage, franchit à son tour le canal sous une grêle de balles, enlève la grande barricade du rond-point et celle de la rue des Ecluses-Saint-Martin, et atteint le boulevard de la Villette par les rues Grange-aux-Belles, Vicq-d'Azir et de la Chopinette.

Il était six heures : à ce moment les brigades Lefebvre, Dumont et Abbatucci sont rangées en demi-cercle au pied des Buttes-Chaumont ; la brigade Pradier s'est élevée jusqu'au bastion 21, où l'artillerie a monté une mitrailleuse et une pièce de 12, prenant les buttes à revers. La charge est sonnée, nos troupes s'élancent à l'assaut et couronnent bientôt les hauteurs, s'emparant des Carrières d'Amérique, des hauteurs de Belleville et du sommet de la Butte-Chaumont, où la tête de colonne du régiment étranger plante le drapeau tricolore.

La prise des Buttes-Chaumont fait tomber en nos mains une artillerie nombreuse et une grande quantité de munitions.

De son côté, l'armée de réserve se met en mouvement, mais n'avance qu'avec difficulté.

La brigade La Mariouse se porte en avant, le long des fortifications. La brigade Derroja reste en réserve sur le cours de Vincennes. La brigade Bernard de Seigneurens, formant des échelons en arrière, s'avance par la rue Puebla et enlève toutes les barricades. Un bataillon du 1ᵉʳ régiment d'infanterie de marine s'avance contre une barricade qui l'inquiète et se laisse entraîner jusqu'au Père-Lachaise où il rencontre une défense énergique ; mais il est soutenu par deux bataillons de sa brigade et par un régiment de la division Faron, et parvient à se maintenir dans le cimetière et à s'en rendre maître. La brigade Langourian remonte jusqu'à la place du Trône où elle assure les derrières en procédant au désarmement des quartiers environnants.

L'armée de réserve rencontre de grandes difficultés. La place Voltaire est fortifiée d'une manière formidable, et l'artillerie des insurgés tire à mitraille sur la place du Trône. Le général Faron fait contre-battre ce réduit de l'insurrection par le feu de six pièces établies sur la place du Trône.

Le général La Mariouse, continuant ses mouvements par la route militaire, se rend maître de la porte Bagnolet et de la mairie du 20ᵉ arrondissement.

Les corps Douay et Clinchant se consolident pendant ce temps dans leurs positions le long du boulevard Richard-Lenoir et du canal Saint-Martin, et établissent des batteries pour enfiler les principaux débouchés par lesquels les insurgés pourraient franchir la ligne de bataille.

Le corps Douay dirige de la place de la Bastille un feu d'artillerie très-actif sur la mairie du 11e arrondissement et sur l'église Saint-Ambroise.

Ainsi dans la soirée du 27, l'armée est maîtresse des Buttes-Chaumont et du cimetière du Père-La-chaise. La ligne de bataille forme les trois quarts d'un cercle, l'aile gauche appuyée au bastion 21, et l'aile droite à la porte Bagnolet.

Le général de Cissey procède au désarmement de la population sur la rive gauche.

28 MAI

L'armée de réserve et le corps Ladmirault continuent leur marche enveloppante. Les colonnes qui longent les fortifications doivent se rejoindre et se rabattre vers l'ouest pour enlever de concert les positions que l'insurrection occupe encore.

Les corps Douay et Clinchant, se tenant sur une vigoureuse offensive, ont pour mission de repousser les insurgés qui, refoulés des hauteurs, se porteraient vers l'intérieur de Paris.

Les troupes du général Vinoy se mettent en marche à quatre heures du matin. La brigade La Mariouse suit le boulevard Mortier le long des remparts, atteint la porte de Romainville, enlève une forte barricade dans la rue Haxo, et prend 2,000 insurgés ainsi qu'un matériel d'artillerie considérable. La brigade Derroja se dirige par le boulevard de Charonne vers le cimetière du Père-Lachaise, occupé par la brigade de Seigneurens, enlève vigoureusement les barricades des rues des Amandiers, de Tlemcen, des Cendriers et de Ménilmontant et occupe par sa droite la place de Puebla.

La brigade Langourian, traversant la place du Trône, suit l'avenue Philippe-Auguste, enveloppe la prison de la Roquette, à cinq heures du matin, et délivre les ôtages au nombre de 169. Les insurgés en avaient malheureusement fusillé 64 l'avant-veille.

La brigade Langourian descend alors la rue de la Roquette, s'empare de la mairie du 14ᵉ arrondissement, pousse ses têtes de colonne sur l'avenue du Prince-Eugène pour se relier avec le corps Douay sur le boulevard Richard-Lenoir, et sauve de la destruction l'église Saint-Ambroise en coupant des fils qui doivent communiquer le feu aux poudres qu'elle renferme.

De son côté, le corps Ladmirault poursuit sa marche en avant. Le général Grenier se dispose à attaquer le bastion 19, lorsqu'il aperçoit à son sommet le drapeau tricolore que la division Faron vient d'y arborer. Les deux divisions font alors leur jonction et se rabattent vers l'ouest.

Dès lors, les insurgés acculés dans leurs derniers retranchements, entourés et attaqués de tous les côtés, sont forcés de se rendre ou de se faire tuer.

Les insurgés sont débusqués des rues des Bois et des Prés-Saint-Gervais. A dix heures, l'église de Belleville est enlevée ainsi que la partie haute de la rue de Paris, et successivement toutes les fortes barricades de cette rue. Un grand nombre de prisonniers et un matériel considérable d'artillerie tombent en nos mains. L'hôpital Saint-Louis est pris, et peu après, la grande barricade du faubourg du Temple.

Il était trois heures de l'après-midi ; toute résistance avait cessé ; l'insurrection était vaincue.

Le fort de Vincennes restait seul au pouvoir des insurgés, qui, sommés de se rendre dans la matinée du 29, se constituent prisonniers à dix heures du matin.

En résumé, l'armée réunie à Versailles avait, en un mois et demi, vaincu la plus formidable insurrection que la France ait jamais vue. Elle avait accompli des travaux considérables, creusé près de

40 kilomètres de tranchée, élevé 80 batteries armées de 350 pièces de canon. Elle s'était emparée de cinq forts armés d'une manière formidable, et défendus avec opiniâtreté, ainsi que de nombreux ouvrages de campagne.

L'enceinte de la place avait été forcée et l'armée avait constamment avancé dans Paris, enlevant tous les obstacles, et après huit jours de combats incessants, les grandes forteresses de la Commune, tous ses réduits, toutes ses barricades étaient tombés en notre pouvoir.

L'incendie des monuments avait été conjuré ou éteint, et d'épouvantables explosions avaient été prévenues.

L'insurrection avait subi des pertes énormes ; nous avions fait 25,000 prisonniers, pris 1,500 pièces de canon et plus de 400,000 fusils.

Les guerres de rues sont généralement désastreuses et excessivement meurtrières pour l'assaillant ; mais l'armée avait tourné toutes les positions, pris les barricades à revers, et ses pertes, quoique sensibles, ont été relativement minimes, grâce à la sagesse et à la prudence de ses généraux, à l'élan, à l'intrépidité des soldats et de leurs officiers.

Les pertes pour toute la durée des opérations s'élèvent à :

	OFFICIERS		TROUPE		
	Tués	Blessés	Tués	Blessés	Disparus
Officiers généraux et d'é-tat-major............	5	10	»	»	»
Infanterie.............	63	353	698	5.201	162
Infanterie de marine et fusiliers marins.. ...	»	7	14	235	»
Équipages de la flottille et canonniers marins..	1	3	5	32	»
Cavalerie.............	1	4	3	48	7
Artillerie........	6	35	41	318	8
Génie................	5	8	20	163	3
Intendance et troupes d'administration..... ..	»	»	1	11	3
Prévôté et gendarmerie..	2	10	12	16	»
TOTAUX........ ..	83	430	794	6.024	183

Dans ces diverses opérations, les troupes de toutes armes ont rivalisé de bravoure et de dévoûment.

Le génie, dans l'attaque des forts, a fait ce qui ne s'était pas vu jusqu'ici : afin de bloquer les assiégeants, il a dirigé ses tranchées de manière à envelopper complètement les ouvrages.

L'artillerie, bien que le feu de la place ne fût point éteint, est venue établir ses batteries à quelques centaines de mètres des remparts.

L'infanterie a partout attaqué les positions avec intelligence et sans hésitation.

Les marins de la flotte ont montré une vigueur et un entrain remarquables.

La cavalerie, par sa vigilance, a rejeté constamment les insurgés dans la place ; en plusieurs circonstances, elle a mis pied à terre pour enlever des positions.

L'intendance est parvenue à ravitailler largement les divisions, même dans Paris ; les troupes à sa disposition se sont fait remarquer dans le transport des blessés et par les soins donnés dans les ambulances.

La télégraphie civile a été à la hauteur de ses fonctions, et a constamment relié le grand quartier général avec les quartiers généraux des corps d'armée et des divisions.

Le général en chef a eu également à se louer du service du trésor et des postes qui s'est fait régulièrement.

LES

SAPEURS-POMPIERS

ET LES VOLONTAIRES

LES

SAPEURS-POMPIERS

ET LES VOLONTAIRES

L'insurrection était vaincue, mais Paris n'était pas sauvé. Dans leur rage impie, les insurgés, obligés de fuir devant l'armée de l'ordre, formèrent l'odieux projet d'anéantir par le feu la ville qu'il ne leur avait pas été permis de piller complètement. Les monuments publics et un grand nombre de propriétés particulières avaient été inondés de flots de pétrole, de manière à ce que l'incendie, se propageant de maison en maison et de quartier en quartier, enveloppât la cité entière dans un cercle de feu. Pour la satisfaction d'une vengeance aveugle, Paris ne devait plus être qu'un amas immense de ruines fumantes.

Dès qu'ils étaient chassés d'une barricade, les insurgés, avant de se retirer, incendiaient les maisons voisines, et lorsque l'armée de Versailles pénétra dans le dernier repaire de ces bandits, plusieurs quartiers étaient déjà la proie des flammes.

Le corps des sapeurs-pompiers de Paris, qui pouvait rendre de si grands services, était en partie désorganisé ; c'était à la province qu'incombait le devoir de sauver la capitale. Le Chef du pouvoir exécutif fit appel à son dévoûment.

Le département de l'Eure n'est pas resté sourd à cet appel. La plupart des compagnies de sapeurs-pompiers, renforcées par de nombreux volontaires, s'empressèrent de courir au secours de Paris et contribuèrent, dans une large part, à l'extinction des incendies que des mains criminelles avaient allumés.

Notre but, en écrivant ces lignes, est de rendre compte succinctement des opérations effectuées et des services rendus par ces courageux citoyens. Nous regrettons que quelques chefs de détachement, en ne nous envoyant pas les renseignements que nous avions sollicités de leur obligeance, nous aient mis dans l'impossibilité de remplir d'une façon plus complète la tâche que nous avons entreprise.

ARRONDISSEMENT D'ÉVREUX

Effectif des Compagnies

Evreux	45 hommes.
Bonneville (la)	4 —
Breuilpont	16 —
Conches	19 —
Damville	6 —
Pacy-sur-Eure	20 —
Rugles	17 —
Saint-Marcel	11 —
Vernon	27 —
Total	165 hommes.

COMPAGNIE D'ÉVREUX

MM. AVRIL DE BUREY (O ✳ ✳), *capitaine-comman-dant ;*

Fernand LEROY, *conseiller de préfecture, délé-gué du préfet ;*

BOVE, *lieutenant en 1er ;*

MOULIN, *sous-lieutenant ;*

Robert DE BUREY, *sous-lieutenant ;*

BUISSON ✳, *chirurgien ;*

BRANCHARD, *sergent-major.*

Caporaux : MM. LERICHOMME dit LAFLEUR, THOREL, Jules BACHELET, LESAGE, HENRY.

Clairons : MM. MICHEL et LESIEUR.

Sapeurs :

MM. CASTEL, DELACROIX, DÉSORMEAUX (Césaire), DUMOULIN, DUPÉRON, FOUBERT, GOSSELIN, GUÉRIN, HAREAU (Louis), HAREAU (Victor), HAZARD, LABARRE, MAHEU, MOULIN (Gustave), NOEL.

Volontaires :

MM. ARNOULT, *employé à la préfecture ;* BOULET, *ouvrier ;* COURANT jeune, *ouvrier maçon ;* FRUCHART, *ouvrier maçon ;* GILLOT, *marchand ;* GOMBAULT, *ouvrier confiseur ;* GOURDIN jeune, *ouvrier maçon ;* HUG, *ouvrier de fonderie ;* LANIELLE, *ouvrier ;* LINANT, *employé aux chemins vicinaux ;* LOTTE, *ouvrier coutier ;* MOULIN jeune, *ouvrier maçon ;* PELLATON, *agent-voyer sous-comptable ;* PIGOLT, *ouvrier ;* RÉAUX, *secrétaire de la rédaction au journal* l'Eure ; MARE (Delphin), *porte-sac, attaché au service du docteur Buisson.*

Le mercredi 24 mai 1871, à dix heures du matin, une dépêche du ministre de l'intérieur fut adressée à M. le préfet du département de l'Eure ; elle était ainsi conçue :

Versailles, 24 mai, 8 h. 35 matin.

« L'insurrection vaincue à Paris se venge par l'incendie.

« Les Tuileries sont en feu.

« Les richesses nationales renfermées dans le palais du Louvre sont menacées de devenir la proie des flammes.

« Le ministre de l'intérieur fait appel au dévoûment des sapeurs-pompiers, certain qu'aucun d'eux ne manquera à l'appel. »

Au reçu de cette dépêche, M. le baron Sers, préfet, fit immédiatement prévenir M. Guépratte, général commandant la subdivision, M. A. de Burey, capitaine commandant la compagnie de sapeurs-pompiers, et les autorités municipales. Des exemplaires du télégramme étaient également envoyés dans tout le département.

La générale fut battue dans Evreux. Des sergents de ville accompagnaient les tambours et lisaient, à chaque coin de rue, devant la foule assemblée et en émoi, le contenu de la dépêche.

Rendez-vous était donné pour midi et demi aux sapeurs-pompiers de la ville.

M. le commandant du dépôt du 5ᵉ de ligne, alors en garnison à Evreux, fut prévenu par le général d'avoir à faire tenir prête à partir une compagnie, afin de protéger, si besoin était, les sapeurs-pompiers.

A l'heure fixée, quelques sapeurs-pompiers seulement se trouvaient au lieu du rassemblement assigné, qui était le magasin des pompes. M. le préfet et M. le capitaine commandant la compagnie de pompiers faisaient tous leurs efforts pour décider ceux qui n'étaient pas très-disposés à partir.

Plusieurs personnes de la ville d'Évreux, qui ne faisaient pas partie de la compagnie, ayant sollicité la faveur d'accompagner ceux des pompiers qui partaient, M. le capitaine les accueillit avec empressement et les fit équiper de suite.

La compagnie du 5ᵉ de ligne, forte de 100 hommes sous les ordres d'un capitaine, attendait sac au dos que les préparatifs de départ fussent terminés.

Les chevaux destinés à trainer les fourgons étant arrivés, l'ordre de départ est donné et toute la colonne se met en route, précédée des tambours et des clairons qui relèvent le pas par leur tapage guerrier.

M. le préfet et M. le général Guépratte nous accompagnent.

Sur le chemin que nous parcourons la foule nous salue de différentes façons : les uns nous souhaitent bon voyage et bonne chance, d'autres témoignent une coupable indifférence.

Arrivés à la gare, grâce au zèle et aux savantes manœuvres de son chef, M. Drouard, nous n'attendons que fort peu de temps. Pendant qu'on procède à l'aménagement des pompes, plusieurs trains chargés de sapeurs-pompiers et de leur matériel arrivent. Ce sont les subdivisions de Conches et de la Bonneville, qui sont immédiatement placées par M. le préfet sous les ordres du commandant A. de Burey. M. Fernand Leroy, neveu du préfet, conseiller de préfecture, est chargé du service administratif de cette expédition toute patriotique.

Des femmes de sapeurs-pompiers, qui s'étaient rendues à la gare, essayent de dissuader leurs maris, mais en vain : ceux-ci n'écoutent que leur patriotisme.

Il est environ une heure et demie lorsque l'ordre de monter en wagon est donné. Chacun se case comme il l'entend et l'on part. Le train s'arrête quelques instants à Mantes, beaucoup descendent afin d'aller prendre quelque nourriture, car la majeure partie de ceux qui étaient venus n'avait pas eu le temps de déjeûner. Le signal de remonter étant donné, le train se remet en route à toute vitesse.

En arrivant à Poissy, des débris de papier brûlé voltigent de tous côtés. Ce sont les papiers du ministère des finances et de la cour des comptes, qui une fois enflammés sont emportés à cette grande distance par le vent. En mettant la tête à la portière on aperçoit distinctement, sur la gauche, une énorme colonne de fumée dans la direction de Paris.

Au pont de Bezons, le train est forcé de rallentir considérablement sa marche : il n'y a qu'une passerelle provisoire établie par la compagnie du chemin de fer, afin de suppléer au pont de fonte que la Défense nationale fit sauter pour s'opposer à la marche envahissante de l'ennemi. Les débris de ce beau pont, projetés à droite et à gauche par l'effet de la mine, attristent la vue et, ce qui est plus navrant encore, des sentinelles prussiennes gardant les abords de la passerelle nous regardent passer d'un air narquois.

Le train arrive à Colombes. C'est la station limite : on ne peut aller plus loin par le chemin de fer.

On procède au débarquement du matériel. La corvée faite, et en attendant l'ordre de se remettre en route, plusieurs d'entre nous pénètrent dans la cour de la fabrique de pétrole qui est attenante à la gare. La concierge de l'établissement nous raconte les misères qu'elle a supportées, tant de la part des Prussiens que de la part des fédérés. La grande cheminée de l'usine porte les traces d'un obus que les artilleurs du fort du Mont-Valérien avaient envoyé à l'adresse des communeux qui, croyant ce fort dépourvu de troupes, avaient tenté de l'enlever.

M. le capitaine commandant entre, sur ces entrefaites, en pourparlers avec des voituriers qui, n'ayant pu rentrer dans Paris, étaient restés là avec tout leur matériel. La question était de savoir s'ils consentiraient à se charger de conduire les pompes et les fourgons jusqu'à notre destination. C'était pour nous une grande affaire, car de Colombes à Paris il y a près de 17 kilomètres. Le marché est facilement conclu, ces voituriers s'estimant fort heureux de rentrer avec nous dans Paris.

Le matériel, composé de six pompes et de deux caissons, est chargé sur quatre charriots trainés par neuf chevaux vigoureux, puis l'on se met en route, à pied bien entendu.

Il était environ quatre heures et demie du soir. Le canon grondait avec fureur, et chaque décharge ébranlait le sol sous nos pas. De chaque côté du chemin jusqu'à la fameuse redoute, ce ne sont que des monceaux de décombres. Partout des maisons éventrées, dans lesquelles il serait difficile de trouver le moindre vestige de boiserie, car nos soldats ont achevé l'œuvre de destruction du bombardement, en se chauffant avec tout le bois qu'ils ont pu ramasser dans ces ruines. Le long de la route, les arbres sont arrachés ; les racines mêmes ont disparu : tout a été enlevé.

La redoute de Colombes, qui barre la grande route de Paris, est un ouvrage de défense digne de remarque ; les fossés ont l'aspect d'un véritable abîme. Elle était armée de pièces de marine : deux de ces pièces sont couchées dans la poussière ; des affûts brisés attestent les ravages causés par l'artillerie prussienne.

Au sortir de la redoute, nous nous formons en colonne. Une section d'infanterie marche en avant pour éclairer la route. Les sapeurs-pompiers, par demi-sections, viennent ensuite, puis les charriots et enfin le reste du détachement du 5e de ligne fermant la marche.

Nous traversons Courbevoie. Cette ville porte les traces du bombardement des Prussiens et de la Commune. A gauche la grande caserne occupée jadis par la garde impériale est trouée par les obus. Mais en arrivant aux abords du pont, en face de l'avenue de Neuilly, le spectacle est encore plus triste. Toutes les maisons qui se trouvent aux alentours de ce pont sont criblées par la mitraille. Les parapets du pont sont détruits.

Nous arrivons au pont ; il est occupé par un cordon de factionnaires. A environ 50 mètres de là, du côté de Paris, le détachement se trouve en face d'une barricade construite avec une grande habileté.

Le long de l'avenue de Neuilly, ce n'est que tristesse et désolation. Pas une seule maison, qui ne porte la trace soit d'un obus, soit d'une boîte à mitraille. Les malheureux habitants de ce quartier se découvrent sur notre passage et nous souhaitent bon courage. Au milieu de l'avenue, nous nous trouvons de nouveau en présence d'une barricade. Afin de protéger les pièces d'artillerie dont elle était armée, des rails de chemin de fer étaient disposés de façon à ce que les servants des pièces fussent à l'abri du tir des troupes qui les attaquaient.

A la porte Maillot, autre barricade armée d'une puissante artillerie, mais dont les pièces sont presque toutes démontées. Des soldats de la ligne sont occupés à déblayer le terrain afin de faciliter le passage. Il n'y a plus que des ruines aux alentours. Pour pouvoir franchir le chemin de fer de Ceinture, il a été établi un pont composé simplement de quelques planches et de poutres. En traversant cette passerelle, on aperçoit les débris du pont du chemin de fer qui a été anéanti par l'artillerie. Les charriots qui portaient le matériel ont beaucoup de peine à passer; enfin les difficultés sont vaincues : nous sommes dans Paris. La colonne suit l'avenue des Champs-Elysées et passe près de l'arc de triomphe de l'Étoile qui est obstrué, jusqu'à la moitié de sa hauteur, par une barricade formée de moëllons. Une batterie d'artillerie est établie sur le sommet du monument. Le treuil qui servait à monter les canons et les munitions est encore debout.

Le spectacle qui s'offre aux yeux est terrifiant.

En face, les Tuileries en feu ; à gauche, la rue Royale et le Ministère des finances ; à droite, la Cour des comptes et le Palais de la Légion d'honneur se consument dans les flammes.

Le canon, les mitrailleuses, les explosions des obus déchiraient l'air et allaient semer la dévastation et la mort. Le danger était grand ; la vie de chacun de ceux qui composaient le détachement était fort exposée, et pourtant il n'y eut ni hésitation ni défaillance.

Dans l'avenue des Champs-Élysées nous trouvons les sapeurs-pompiers de Courbevoie qui, ne sachant où aller, attendaient des ordres. M. A. de Burey apprit alors au chef de ce détachement que, sur le pont de Neuilly, il avait rencontré un chef d'escadron d'état-major qui lui avait conseillé d'aller se mettre à la disposition de M. Carnot, maire du 8e arrondissement.

Les sapeurs-pompiers de Courbevoie s'étant mis sous le commandement de M. A. de Burey, nous partîmes tous ensemble et nous prîmes à gauche la rue Boissy-d'Anglas. En arrivant au point où cette rue se joint à celle du Faubourg-Saint-Honoré, on fit une halte. Beaucoup de soldats et plusieurs sapeurs profitent de ce moment de repos pour répondre à l'offre gracieuse qui leur est faite de quelques rafraîchissements par le concierge de l'hôtel de M. Pereire.

M. A. de Burey, qui nous avait quittés pour aller prendre des ordres à la mairie de la rue d'Anjou (8ᵉ arrondissement), trouva un colonel de la garde nationale de Paris qui lui dit que, depuis la veille, des incendies avaient été allumés dans la rue Royale, et que ce quartier était resté sans secours.

Sous la conduite de ce colonel, nous nous dirigeons rue Royale. La colonne débouche dans cette rue entre deux rangs de maisons en flammes, depuis le premier jusqu'au sixième étage.

M. le capitaine-commandant organise immédiatement le service du sauvetage. L'attaque est dirigée des deux côtés à la fois.

Voici quelle était la situation.

Au moment où les insurgés avaient été délogés de la barricade qui reliait la rue Saint-Honoré à la rue du Faubourg-Saint-Honoré, en traversant la rue Royale, ils suivirent le plan de conduite arrêté par leurs dignes chefs, en projetant la ruine et la dévastation de ce riche quartier.

Après avoir préalablement enduit d'une épaisse couche de pétrole les murailles, les tentures et les escaliers des maisons qu'ils avaient occupées, ils mirent le feu aux quatre encoignures, espérant que l'incendie envahirait tous les édifices voisins.

Ce projet infernal réussit en partie.

En montant la rue Royale, vers la Madeleine, au

coin de la rue du Faubourg-Saint-Honoré, la maison occupée par un marchand de vins était embrasée lorsque nous arrivâmes.

En retour, dans la rue du Faubourg-Saint-Honoré, deux maisons, les n°s 1 et 3, étaient déjà en grande partie détruites. Dans l'une de ces maisons était installé le magasin, si connu, qui portait pour enseigne : *A la Pensée*.

Le n° 5, occupé par un distillateur, était gravement menacé : le feu s'était déjà déclaré en plusieurs endroits.

En face, les maisons formant l'encoignure étaient écroulées, et celles avoisinantes, tant dans la rue du Faubourg que dans la rue Royale, couraient grand risque d'être envahies par les flammes.

De l'autre côté, à droite en montant vers la Madeleine, le feu avait été mis de manière à gagner toute la rue Saint-Honoré et le côté droit de la rue Royale.

Grâce au dévoûment d'une brave fille, une Bretonne, qui était restée seule au logis quand tout le monde avait fui, le commencement d'incendie qui s'était produit dans la maison n° 14 fut promptement éteint.

Mais à l'autre encoignure, le n° 16, occupé par un grand nombre de locataires, et notamment par M. Ladurée, un des célèbres boulangers-pâtissiers de Paris, était complètement embrasé. Les flammes sortaient par toutes les fenêtres ; une partie du toit s'était effondrée sur les plafonds qui avaient cédé, et un immense brasier, alimenté par tous ces décombres, projetait une chaleur étouffante.

Les maisons voisines, jusqu'au boulevard de la Madeleine, étaient gravement compromises, et déjà les flammes avaient envahi les combles du n° 18.

Tels étaient les dangers qu'il fallait conjurer.

Il était environ huit heures et demie du soir, lorsque la compagnie d'Evreux et les détachements qui s'étaient joints à elle se mirent à l'œuvre. Il n'y avait pas à compter sur le secours des voisins ni des passants : dans ces terribles circonstances, chacun reste chez soi. Du reste, l'alimentation des pompes avait été rendue facile par suite de l'ouverture de toutes les prises d'eau et au moyen de barrages établis dans les ruisseaux, le long des trottoirs.

Les travailleurs commencent leur rude besogne : la fatigue de la route est oubliée, et il faut bien oublier aussi que l'on n'a pas pris de nourriture. Chacun a conscience du devoir qui lui est imposé, et ne songe qu'à une chose, faire de son mieux. Les obus qui éclatent, la mitraille et la fusillade qui font rage, tout cela on ne l'entend pas.

Vers minuit ou une heure du matin, nous sommes

douloureusement impressionnés à la vue des bran-
cardiers qui transportent sept malheureuses victimes trouvées asphyxiées dans l'une des caves des
maisons incendiées. Des détails sur ce fait sont consignés dans le rapport de la compagnie de Conches.

Dans la matinée, un sergent des sapeurs-pompiers
de Rueil avait pénétré dans la cave et avait engagé
ces malheureux à sortir : il était temps encore ;
mais, croyant avoir affaire aux insurgés, ils n'o-
sèrent pas quitter leur retraite et furent asphyxiés.
MM. Le Ménager, notaire à Conches, et Lailler,
son principal clerc, aidés de M. Gosselin, sapeur-
pompier d'Evreux, et de plusieurs autres sapeurs-
pompiers de Rueil, transportèrent les cadavres à
la mairie du 8e arrondissement.

Ce qui frappe tout d'abord, c'est la vitesse
effrayante avec laquelle les flammes se propagent.
Nous avons bientôt l'explication de ce fait: depuis
les combles jusqu'au rez-de-chaussée, les insurgés
ont répandu du pétrole à profusion ; les escaliers
en sont inondés.

On attend avec impatience le jour qui tarde bien
à venir. Vers trois heures du matin, on commence
à distinguer l'endroit où l'on est installé. L'église de
la Madeleine se dresse au bout de la rue, avec ses
colonnes labourées par les balles et ses chapiteaux
écornés par les obus. Toutes les maisons à droite et

à gauche de la rue Royale sont éventrées par la mitraille. Les arbres plantés de chaque côté de la rue sont brisés par les projectiles ; les kiosques des marchands de journaux et les vespasiennes sont criblés par les balles. Une barricade formée de sacs à terre et de tonneaux, également pleins de terre, est construite en travers de la rue Royale et du Faubourg-Saint-Honoré. Dans la flaque d'eau qui croupit au pied de cette barricade, l'on voit des débris de toutes sortes : une cervelle surnage, un soulier plein de sang, des lambeaux de chair, des képis, un écouvillon brisé par une balle, tout cela témoigne que la lutte a été acharnée.

Au bas de la rue, une formidable barricade est élevée et joint le ministère de la marine au Garde-Meuble ; elle est reliée à la fameuse barricade de la rue Saint-Florentin. Cette barricade avait été construite avec un soin tout particulier et elle était vraiment remarquable.

Au ministère de la marine, à travers les vitres brisées, on peut voir le commencement d'un incendie, presqu'aussitôt éteint qu'allumé.

Sur la place de la Concorde, les ravages causés par le bombardement sont incalculables. Les fontaines sont brisées, tous les Tritons portent la trace de la mitraille. La statue de la ville de Lille, coupée en deux par un obus, gît à terre. Toutes les autres statues, voilées de crêpes noirs, produisent un lugubre effet. Seul l'Obélisque se dresse encore fièrement, sans porter la trace d'une seule balle. A gauche, la balustrade des terrasses des Tuileries est broyée par les obus ; en face, le palais du Corps législatif porte la trace des nombreux projectiles qu'il a reçus.

Voilà le spectacle que nous avons à la pointe du jour.

Le travail continue ; on pompe sans interruption ; malheureusement l'on ne peut empêcher l'incendie de gagner une deuxième maison ; mais c'est là que se concentrent tous les efforts.

M. Lerichomme dit Lafleur, caporal, fait preuve du plus grand dévoûment.

Le sapeur Duperron, attaché sous les aisselles et suspendu dans le vide, dirige le jet de la pompe sur les flammes qui menacent d'envahir la maison voisine, et arrête le fléau destructeur.

Cette première partie de la campagne a été la plus pénible : on n'a pris de repos ni dans la nuit, ni dans la journée du 25 mai. Ce n'est que vers midi, ce jour-là, que des personnes voisines du théâtre de l'incendie vinrent nous chercher à tour de rôle et par dix à la fois, pour nous faire prendre quelque nourriture et relever ainsi nos forces épuisées.

Ne sachant pour combien de temps nous allions être à Paris, il devenait nécessaire d'assurer le service des subsistances. Aussi, M. le commandant A. de Burey se rendit dans la matinée du 25 mai à l'état-major de la place Vendôme. Il fut reçu par un général de division qui, sur sa demande, l'autorisa à faire, chaque matin, des bons sur lesquels, après le visa de l'état-major, il nous serait délivré tous les vivres de campagne dont nous aurions besoin.

Notre commandant remit immédiatement à M. Branchard, sergent-major, les bons nécessaires, et des hommes de corvée désignés parmi les travailleurs se mirent en route pour se rendre à l'Opéra, lieu de distribution des vivres de campagne. Là, on nous délivra du riz, du sel, du sucre, du café, du vin et des boîtes de conserve de viande de cheval. Quant à la viande de boucherie, il fallait aller la chercher dans une des rues voisines de l'Opéra. Grâce à l'obligeance des personnes qui, jusqu'à ce moment, nous étaient venues en aide, nous n'avions pas besoin de nous occuper de faire la cuisine, et plus d'une fois ces braves gens trouvèrent encore moyen d'augmenter nos provisions.

Il n'y avait plus qu'une chose qui nous manquât, le coucher. On se reposait où l'on pouvait, tantôt dans la boutique d'un serrurier, tantôt sur le boulevard, tantôt dans les escaliers d'une maison dont le propriétaire était venu nous chercher.

Des rafraîchissements nous étaient offerts par M. Lequen, dont le restaurant est situé au coin de la rue Royale et de la Madeleine, et personne n'oubliera la manière toute gracieuse dont nous fûmes accueillis.

M. le docteur Voillemier et Madame Guillet (n° 20) ont aussi une large part dans nos obligations et nos remercîments : pendant son séjour, leur maison a été à la disposition de tout le détachement.

Jusqu'au jeudi 25, nous avons eu un temps magnifique, mais dans la nuit du jeudi au vendredi, une pluie fine qui tombe sans discontinuer nous glace et traverse nos habits. Aussi, dans la matinée, après que notre commandant se fut informé auprès de M. Carnot, maire du 8ᵉ arrondissement, s'il ne pourrait pas nous procurer des effets de rechange, on nous conduisit tous ensemble à cette mairie où nous reçûmes une distribution de vareuses, de pantalons, de guêtres et de souliers.

La pluie continua à tomber toute la journée et pendant toute la nuit.

Dans la soirée, le sapeur-pompier volontaire Fruchard a le médium de la main droite écrasé par le balancier d'une pompe.

Le danger ne venait pas seulement des incendies

que nous avions à combattre : il était partout. Le soir, en effet, vers dix heures, notre commandant fut informé que quelques insurgés, échappés de la bataille, devaient venir pendant la nuit attaquer les sapeurs-pompiers et les soldats sous ses ordres. Leur intention était de pénétrer jusqu'à la rue Royale par le passage d'Aguesseau, de faire feu sur les travailleurs à travers les barreaux de la grille du passage, et de s'enfuir à la faveur de la nuit. Aussitôt, le commandant s'entendit avec le chef de son escorte pour prévenir cet odieux guet-apens. Après avoir invité les habitants à tenir le passage éclairé pendant toute la nuit, il plaça immédiatement des factionnaires, armes chargées, à l'extrémité de la grille donnant sur la rue Royale. La consigne était rigoureuse. Les sentinelles avaient ordre de ne laisser arriver personne dans le passage et, après la troisième sommation, de faire usage de leurs armes.

Ces précautions n'étaient pas inutiles. A différentes reprises, pendant le cours de la nuit, des individus suspects vinrent rôder à l'extrémité opposée du passage, mais au cri des factionnaires, et surtout au bruit significatif des chassepots, ils se retirèrent promptement, et leur tentative n'eut pas d'autre suite. On voit néanmoins, par là, combien nous étions entourés de dangers et à quel point nous étions obligés de nous tenir sur nos gardes.

Un fait dont j'ai été témoin prouve aussi que nous avions tout à craindre de l'explosion des projectiles lancés par les batteries des insurgés dans la direction des quartiers incendiés.

C'était le lendemain de notre arrivée, le 25 mai, à dix heures du matin ; celui qui écrit ces lignes escortait une personne qui nous avait prêté son concours pour une manœuvre, afin de lui permettre de franchir le cordon de factionnaires placés à toutes les rues avoisinant la rue Royale. Au moment où nous arrivions au coin de la rue Saint-Florentin, près de l'Assomption, un obus tomba près du portail de l'église, à dix pas de nous, fit explosion, et un de ses éclats alla fracasser l'épaule et briser les reins d'une malheureuse femme qui venait de faire ses provisions.

Je m'empressai, avec trois soldats du 35e de ligne, de la transporter au Ministère de la marine, où elle reçut les soins du médecin chargé de l'ambulance établie provisoirement dans ce Ministère.

Dans la soirée du 26 au 27, vers dix ou onze heures, un effrayant spectacle s'offrit à nos yeux. Tout à coup, le ciel se colora plus vivement d'une nuance rougeâtre, des milliers d'étincelles s'élancèrent dans les airs, et, quelques minutes après, Paris s'illuminait à la lueur d'un gigantesque incendie. On eût pu croire que la ville tout entière s'embrasait et allait s'abîmer dans les flammes. C'étaient les immenses docks de la Villette que les insurgés venaient d'incendier en se retirant. Ce dépôt de tant de richesses commerciales, qui contenait la fortune d'un si grand nombre de négociants, n'était plus qu'une vaste fournaise. Bien que nous fussions à une grande distance, ce foyer nous éclairait comme en plein jour. Qu'on ajoute à cela le bruit du canon tonnant sans relâche, l'isolement dans ces rues mornes et désertes, et l'on aura quelque idée de cette situation indéfinissable.

Notre consternation était grande à la vue d'un pareil désastre, et nous pouvions à peine contenir nos sentiments de douleur qui n'étaient surpassés que par notre profonde indignation. Non contents de s'être attaqués aux monuments publics, aux palais, aux richesses artistiques que le monde entier nous enviait, à nos gloires nationales les plus chères, ces misérables ne craignaient pas de porter une main criminelle et sacrilége sur le travail de l'ouvrier, sur le pain du pauvre et de ruiner d'innombrables familles. Les décombres du grenier d'abondance fumaient encore, et pour couronner leur œuvre odieuse, ils brûlaient les docks de la Villette, dépôt des trésors industriels du monde !

Telles étaient les amères réflexions que nous

faisions à la lueur de l'incendie, en contemplant avec effroi les sinistres résultats de cet acte sauvage.

Dans la journée du samedi, nous vîmes défiler une grande partie de l'artillerie des fédérés dont l'armée de Versailles s'était emparée. Des convois de prisonniers passent également, escortés par des chasseurs d'Afrique. Ils vont au Champ-de-Mars et de là ils seront dirigés sur Versailles.

Quel assemblage hétérogène de types ! A côté du jeune homme un vieillard, puis une femme à la mine hideuse auprès d'une jeune fille portant l'uniforme de garde national. Des soldats de la ligne déserteurs, des pompiers pétroleurs, tous attachés quatre par quatre, nu-tête, défilent devant nous et excitent encore plus de pitié que de haine. Et pourtant, de combien de crimes ne se sont-ils pas rendus coupables ?

Dans la journée du dimanche 28 mai, notre travail de sauvetage fut terminé et nous pûmes enfin prendre quelque repos ; plusieurs d'entre nous, à leurs risques et périls, vont se promener dans Paris. Il faisait un temps magnifique, la foule circulait sur les boulevards, et jamais on ne se serait cru au lendemain de pareils événements, si tant de ruines ne nous avaient rappelé l'effrayante réalité.

Notre départ est fixé pour le lendemain lundi, à trois heures du matin.

A deux heures du matin, M. Lequen, qui tient le fameux restaurant Durand, voulut encore mettre le comble à tous les bons services qu'il nous avait rendus, en nous réunissant tous chez lui pour prendre une tasse de café avant de nous mettre en marche. Notre brave capitaine, au nom de nous tous, porte un toast de remercîments à la bonne famille de M. Lequen.

On se sépare et les personnes que nous avions protégées des ravages de l'incendie nous remettent des drapeaux tricolores qui sont attachés sur les pompes.

A trois heures précises nous nous mettons en route. La corvée sera pénible, car il faut que nous allions jusqu'à Colombes en trainant tout notre matériel. Nous sommes heureusement secondés par les soldats du 5e de ligne, qui relèvent tour à tour ceux d'entre nous qui se sentent fatigués.

Voici l'itinéraire que nous suivons à notre retour: Place de la Concorde, avenue des Champs-Elysées, avenue de la Grande-Armée, porte Maillot et avenue de Neuilly.

A Courbevoie, nous longeons la Seine, car l'intention de notre commandant était de nous conduire jusqu'à Asnières; mais, en arrivant au pont du chemin de fer qui se trouve entre cette localité et Courbevoie, nous apprenons que les Prussiens ne nous laisseront pas passer. Il fallut donc revenir sur ses pas, traverser Levallois-Perret et Courbevoie; enfin nous arrivons à Colombes vers onze heures du matin.

L'étape avait été chaude. Depuis trois heures du matin, nous traînions tout notre matériel, et nous commencions à ressentir une grande fatigue. Aussi, en arrivant à la station, chacun se couche sur l'herbe et prend avec bonheur un repos bien gagné. Le train qui devait nous ramener arrive vers deux heures de l'après-midi. Nous rechargeons notre matériel et nous partons.

A notre arrivée à Evreux, il y avait foule à la gare. Notre retour avait été télégraphié, et la nouvelle s'en était répandue avec rapidité. Nous fûmes reçus par M. le préfet et M. le général qui voulurent bien nous adresser des remercîments et des félicitations. Nous descendîmes en ville, accompagnés par nos parents et nos amis qui nous attendaient avec impatience. Nous avions passé à Paris cinq jours et cinq nuits : on nous paya à chacun une indemnité de quinze francs.

Avant de terminer ce récit, bien incomplet sans doute, il serait injuste de ne pas signaler ceux qui se sont particulièrement distingués.

M. A. de Burey, notre commandant, s'est montré, au dire de tous, au-dessus de tout éloge. Dans la conduite des travaux de sauvetage surtout, il a montré une rare habileté.

M. Fernand Leroy, qui s'est tenu continuellement à notre disposition, a droit aux plus vifs remercîments.

M. Bove, lieutenant, a, lui aussi, fait preuve de dévoûment et de fermeté.

M. Robert de Burey, sous-lieutenant, fils de notre brave commandant, a montré, quoique bien jeune, un rare sang-froid et une impassibilité devant le danger qui ont été remarqués de tous.

M. Moulin, sous-lieutenant, a participé pour une large part dans nos fatigues et s'est montré à la hauteur de sa tâche.

M. Branchard, sergent-major et fonctionnaire-adjudant, a fait preuve d'une activité et d'une abnégation qui méritent les éloges et surtout les sympathies de la compagnie. A toute heure de nuit, à chaque instant de la journée, il était là, à son poste et ne l'a pas quitté un instant.

MM. Lerichomme, dit Lafleur, caporal; Thorel, caporal; Duperron, sapeur-pompier, méritent d'être signalés particulièrement. On a lu plus haut les détails des dangers auxquels ils se sont exposés.

Des éloges bien mérités aux caporaux Bachelet, Lesage et Henry, ainsi qu'aux braves sapeurs-pompiers Gosselin, Gustave Moulin, Hazard, Maheu,

Foubert, Castel, Delacroix, Dumoulin, Guérin et Hareau frères.

Le clairon Michel, vieux soldat de Crimée, a fait voir qu'il se souvenait encore du temps où, bravant le feu de l'ennemi, il attendait patiemment le moment de se mettre en ligne : il a montré le calme et le sang-froid des anciens jours de combat.

MM. Arnoult, Linant, Hug, Moulin jeune et Gilot, volontaires, ont fait tous leurs efforts pour donner leur utile coopération dans bien des circonstances.

Le détachement du 5e de ligne a droit à tous les éloges pour les services qu'il a rendus.

Nous avons dit que chacun avait vaillamment fait son devoir : ajoutons que M. le docteur Buisson, aide-major de la compagnie de sapeurs-pompiers, a peut-être fait plus que son devoir.

M. Buisson n'avait pu quitter Evreux qu'à trois heures cinquante minutes, le 24 mai, après le départ du train qui emmenait les sapeurs-pompiers. Arrivé à Paris le 25, à deux heures du matin, et ne sachant où trouver la compagnie d'Evreux, il erra d'abord à l'aventure et parcourut plusieurs quartiers, au milieu d'une solitude périlleuse.

Enfin, sur la place du Châtelet, il rejoignit la brigade du général Daguerre, offrit ses services et suivit le 6e régiment d'infanterie qui devait opérer du côté de l'Hôtel-de-Ville.

Dans la lutte qui eut lieu à l'attaque de l'île Saint-Louis, M. le docteur Buisson rendit les plus grands services, en pansant les blessés sous le feu des insurgés.

Sa conduite courageuse a été appréciée comme elle devait l'être par le général Daguerre, qui l'a remercié de son concours dévoué dans les termes les plus flatteurs.

Deux lettres adressées à M. A. de Burey, commandant le détachement, l'une par M. le préfet de l'Eure, l'autre par le maire d'Évreux, complètent l'appréciation de la conduite des sapeurs-pompiers et des volontaires ébroïciens pendant les sinistres journées des 24, 25, 26, 27, et 28 mai 1871.

Ces deux lettres sont ainsi conçues :

Evreux, 30 mai 1871.

Monsieur le capitaine,

« Je suis heureux de vous annoncer que l'Assemblée nationale, rendant hommage au courageux dévoûment de nos sapeurs-pompiers, leur a voté des remercîments. Une note insérée dans le *Journal Officiel*, constate que les sapeurs-pompiers d'Évreux sont accourus à Paris à la nouvelle des incendies allumés par la Commune et ont fait preuve du plus grand dévoûment.

« Veuillez communiquer aux sapeurs-pompiers d'Évreux ces témoignages de satisfaction, et recevoir, M. le capitaine,

avec l'assurance de ma considération la plus distinguée, mes
sentiments de gratitude pour votre courageux concours. »

Le préfet de l'Eure,

SERS.

*A M. le capitaine-commandant de la compagnie de sapeurs-pompiers
d'Évreux.*

Monsieur,

« L'administration municipale n'est point restée indifférente
aux évènements déplorables auxquels votre compagnie vient
de prendre une part aussi active qu'honorable, et, si les
membres qui la composent n'étaient pas présents lors de votre
arrivée pour joindre leurs félicitations à celles dont elle a été
l'objet de la part de l'autorité supérieure, c'est uniquement
parce qu'elle n'a point été prévenue de votre retour, et qu'à
l'heure où il s'est effectué, aucun ne se trouvait à Évreux ;
en ce qui me concerne personnellement, une réunion de
famille me retenait à la campagne, où je suis encore.

« Quoiqu'il en soit, permettez-moi, M. le capitaine, de vous
adresser les félicitations les plus sincères pour vous et pour
votre belle compagnie. C'est un devoir de reconnaissance que
je remplis en mon nom personnel et au nom de l'administration
municipale dont je suis le chef, au nom du conseil municipal
et de la ville tout entière, dont je suis encore malgré moi le
représentant ; je suis heureux cependant que la difficulté qui
se présente de composer une administration m'ait réservé la
bonne fortune de terminer ma carrière administrative par un
acte de justice et de reconnaissance pour les services rendus
au pays par votre compagnie, dans des circonstances aussi
douloureuses.

« Je vous prie d'agréer, M. le capitaine-commandant, l'assurance de ma considération la plus distinguée.

Evreux, 30 mai 1871.

Le maire d'Évreux,

LEPOUZÉ.

———

COMPAGNIE DE LA BONNEVILLE

Sergent-major : M. CHEVALLIER.
Sergent : M. DIAN.
Sapeurs : MM. HAY, MOSSION.

Ce détachement, arrivé en même temps que celui de Conches à la gare d'Evreux, fut placé sous le commandement de M. A. de Burey.

Il a prêté son concours énergique à la compagnie d'Evreux et a eu sa part dans les fatigues des travaux entrepris pour le sauvetage de la rue Royale.

———

COMPAGNIE DE BREUILPONT

MM. FOYNARD, *capitaine ;*
GRUEL, *caporal ;*
MOLARD, *tambour.*

Volontaires :

MM. ALLORGE, BALLEY, HOTTON père, HOTTON fils, LAISSY, LAMBERT père, LEPERS, PÉPIN, curé de

Gadencourt, PLOUIN, SCHMIDT, TALLEYRAND (le comte de), VACHEROT, YVET.

Le détachement partit de Breuilpont le 24 mai, à trois heures de l'après-midi, et arriva à minuit à Colombes, d'où il dut se rendre à Paris à pied, en traînant ses pompes à bras.

A trois heures du matin, dès son arrivée dans la capitale, M. Foynard, capitaine, reçut l'ordre de se rendre au Ministère des finances, et le détachement attaqua l'incendie de ce ministère, à l'angle formé par la rue de Castiglione et par la rue Monthabor.

Pendant la manœuvre, les travailleurs furent inquiétés par la chute de plusieurs obus, dont un entr'autres éclata près du jet d'une pompe, à l'embrasure de la quatrième croisée du troisième étage.

Plusieurs volontaires concoururent au sauvetage des cartons et papiers des bureaux de l'administration des Domaines. Celui d'entre ces braves citoyens qui s'est montré le plus intrépide est M. Pépin, curé de Gadencourt.

Dans la journée du 25 mai, un des volontaires du détachement, M. Lambert, de la commune de Lorey, s'étant imprudemment éloigné de sa compagnie, fut arrêté par les troupes de ligne et conduit à Satory, près Versailles, où il demeura prisonnier pendant quarante-huit heures.

Le vendredi 26, le détachement reçut l'ordre de se rendre à la caserne des sapeurs-pompiers de la ville de Paris, rue de Poissy, où il fut logé et placé sous les ordres de M. Vilherme, colonel.

Vers six heures du soir, la compagnie fut envoyée place de la Bastille, où elle combattit l'incendie qui dévorait les Phares.

La lutte continuait à peu de distance, et les balles, les boîtes à mitraille et les projectiles de toutes sortes gênèrent souvent les travailleurs.

Enfin, le dimanche 28 mai, on délivra à M. Foynard, capitaine commandant le détachement, un laissez-passer et le 29, à une heure du matin, ces courageux citoyens rentraient à Breuilpont.

—

COMPAGNIE DE CONCHES

M. LEFORT fils, *capitaine ;*
Sergents : MM. PREVOST (Vital), TOUTAIN ;
Caporal : M. GROUARD.

Sapeurs :

MM. BRETON (Arsène), DELAUNAY, GASTINE (Auguste), GASTINE (Delphin), HANOUT (Amand), JANVROT, LEROY (Alphonse), PERCEPIED (Félix), THUBILLEAU.

Volontaires :

MM. Baujois, Lailler, Le Ménager, Payer, Rey, Rosset.

Cette compagnie, partie de Conches le 24, à une heure et demie, fut placée, à son arrivée à Evreux, sous les ordres de M. le capitaine A. de Burey ; depuis lors jusqu'à son retour, elle n'a cessé d'accompagner la compagnie d'Evreux et de participer à tous les travaux de sauvetage de la rue Royale.

Tous les pompiers ont fait leur devoir.

Discipline excellente. Impassibilité complète sous les projectiles qui pouvaient les atteindre.

Un acte de dévoûment est à signaler :

Sept personnes étaient ensevelies dans les caves du débit qui faisait l'angle gauche des rues Royale et du Faubourg-Saint-Honoré ; à minuit, l'autorité fit enlever les corps de ces malheureux. Les deux premiers furent retirés par des pompiers de Levallois-Perret, qui déclarèrent ne pouvoir continuer, tant l'atmosphère qui régnait dans ces caves était insupportable.

Appel fut fait au dévoûment des hommes qui étaient aux pompes. MM. Payer et Rey s'offrirent et pénétrèrent courageusement jusqu'au lieu où étaient les cadavres et en retirèrent les cinq dernières victimes qui restaient.

Ces malheureux furent portés à la mairie du 8ᵉ arrondissement par MM. Le Ménager, notaire, et Lailler, son maître clerc, tous deux sapeurs volontaires, et par le pompier Auguste Gastine, de Conches, avec plusieurs sapeurs-pompiers d'Evreux.

Le pompier Thubilleau s'est aussi particulièrement distingué et s'est exposé plusieurs fois.

M. Lefort, capitaine, mérite également une mention toute particulière pour la bonne direction qu'il a su donner aux travaux dont il était chargé.

La compagnie est rentrée à Conches le 29, vers quatre heures du soir.

———

COMPAGNIE DE DAMVILLE

M. CHEDEVILLE, *sous-lieutenant, commandant le détachement ;*

Sergent : M. MARC ;

Caporal : M. DUFAY ;

Sapeurs :

MM. DELAUNAY, MILARD, VERDET.

Cette compagnie, arrivée à Paris le 27 mai, a été rejoindre immédiatement celles d'Evreux, Conches et la Bonneville et a joint ses efforts à ceux des compagnies sus-désignées, pour combattre les incendies de la rue Royale.

M. Chedeville, sous-lieutenant, s'est particulièrement distingué.

Le 29 mai, cette compagnie opérait son retour à
Damville.

———

COMPAGNIE DE PACY-SUR-EURE

MM. Latouche, *capitaine ;*
    Pinat, *lieutenant ;*
    Deshayes, *sous-lieutenant.*
Sergent-major : M. Lemoine.
Sergent-fourrier : M. Morphy.
Caporaux : MM. Bellanger, Leconte.

Sapeurs :

MM. Carpentier, Lesueur, Simon dit Chapelain.

Volontaires :

MM. Blanchard, Chantrel, Corot, Gaudon,
Guilmain, Langlois, Latouche (Léon), Morin,
Paumier, Portevin fils.

Ce détachement, parti de Pacy avec une pompe
et ses accessoires, le 24 mai, arriva à Paris le 25, à
deux heures du matin.

Après une heure d'attente, il fut envoyé au ministère des finances et placé, d'après les ordres de
M. Vilherme, colonel des sapeurs-pompiers de Paris, rue Monthabor, au coin de la rue du Luxem-

bourg, afin d'arrêter les progrès de l'incendie qui menaçait les édifices voisins.

Au début de la manœuvre, le lieutenant Pinat fut blessé par le balancier de la pompe qui lui écrasa un doigt, et le força de revenir à Pacy.

Jusqu'au samedi 27 mai, le détachement travailla avec acharnement à combattre l'incendie du ministère des finances. M. Leconte, caporal, se distingua particulièrement en restant, quoiqu'à moitié asphyxié, au poste qui lui avait été assigné et qui était le bureau de la Rente viagère. Il ne voulut se retirer que sur les ordres formels de M. Latouche, capitaine commandant, qui jugea sa position trop périlleuse.

La compagnie rentrait le lundi 29 mai à Pacy-sur-Eure.

———

COMPAGNIE DE RUGLES

MM. Collas de Gournay, *maire ;*

    Vallet (Gaston), *capitaine ;*

    Maréchal (Louis), *lieutenant.*

Caporaux : MM. Baudry (Isidore), Bienvenu (Emile), Delisle (Emile), Duroux (Alphonse).

Sapeurs :

MM. Desclos (Auguste), Desloges (Auguste), Duplin (Isidore), Maréchal (Louis).

Musiciens de Sapeurs-Pompiers :

MM. DALLET (Alphonse), DESLOGES (Constant), PREVOST (Albert).

Volontaires :

MM. HOUEL (Isidore), LEBLOND (Laurent), PO-TEL (Désiré), de la commune de la Barre.

Le mercredi 24 mai, à une heure, la dépêche de M. le préfet était transmise au capitaine des sapeurs-pompiers, en l'absence de M. le maire qui, prévenu par un exprès, se hâtait de rentrer à Rugles et partait à huit heures par la ligne de Dreux, accompagnant un détachement composé de seize hommes.

Arrivés à Versailles le jeudi, à quatre heures du matin, et le vendredi, à une heure, à Paris, sur la place du Trocadéro, qui leur est assignée comme lieu de rendez-vous, M. le maire et le capitaine se présentaient immédiatement à l'état-major, au colonel Vilherme, des pompiers de Paris, qui donnait l'ordre de conduire le détachement à la caserne de Passy, où il resterait à la disposition du chef qui y commanderait.

Séjour à la caserne le vendredi toute la journée, sauf pour quatre hommes : MM. Baudry, caporal ; Delisle, caporal ; Houel, volontaire, et Leblond, volontaire, qui, envoyés aux renseignements, se joignirent de neuf heures à midi, par une pluie battante, aux pompiers de Darnétal, installés au Palais-de-Justice, et ne se retirèrent qu'après s'être assurés que leur concours n'était plus utile.

Samedi 27, à sept heures du matin, départ de tout le détachement de la caserne de Passy pour celle de la Villette, dans le quartier de laquelle on supposait que les secours seraient nécessaires, après la bataille qui touchait à sa fin.

Le détachement est arrêté en route par un officier d'état-major, parce que les quartiers à parcourir dans le trajet étaient encore au pouvoir de l'insurrection. Il fut consigné, comme beaucoup d'autres, à la gare du Nord, où son séjour dura jusqu'au lendemain.

Le dimanche, tout étant fini, vers deux heures, le détachement, avec l'autorisation du colonel Vilherme, quittait Paris, et le lundi, il rentrait dans ses foyers.

—

COMPAGNIE DE VERNON

VERNON

MM. Desdouis, *lieutenant ;*

Deshayes, *sous-lieutenant ;*

Pasquet, père, *adjudant sous-officier ;*

Bisson, *sergent-major ;*

Sergent et fourrier : MM. DUMOUTIER et FLEURY ;
Caporaux : MM. DELABROSSE, GARNIER, GROSBOIS,
REMOUSSIN.

Sapeurs :

MM. AUMONT, BRIANT, DUBOURG, GAISNEAU,
HÉROUARD, LOUBINOU, MASSON, MÉNAGE, PAS-
QUET, fils, PICARD, VARENNES.

Volontaires :

MM. BOUCHEROU, DAUBIER, DEVOS, DEVIGNE-
VIELLE, LATREILLE, POINTEL.

SAINT-MARCEL

M. LÉGER, *capitaine.*
Caporal : M. BIGAULT.

Sapeurs :

MM. BOSSU, CHÉRON (Alexandre), CHÉRON (Charles), DROUET, DUMOUTIER, FICQUEL, GAULT, GUIL-
LAUME, MACAIRE.

Une partie de cette compagnie s'est réunie spon-
tanément le 24 mai 1871 pour répondre à l'appel
fait par M. le préfet au dévoûment des sapeurs-
pompiers du département à l'effet de porter secours
à la capitale. En l'absence du capitaine, le lieutenant Desdouis prit le commandement de la compagnie et des volontaires qui s'y étaient joints, et

partit de Vernon à quatre heures et demie du soir, avec trois pompes.

Onze hommes de la compagnie de Saint-Marcel, arrivés en même temps avec une pompe à la station du chemin de fer, déclarèrent se placer sous le même commandement. Enfin cinq autres personnes se joignirent volontairement au détachement.

La colonne se composait de quarante-trois hommes et quatre pompes.

Le train s'arrêta à Colombes. De là, on se rendit au Trocadéro où le commandant du détachement pensait trouver des ordres et être dirigé sur un des points enflammés. Mais il n'en fut rien. La nuit était déjà avancée; le canon grondait de tous côtés; des projectiles tombaient dans les Champs-Elysées. Par mesure de prudence on attendit que le jour fût arrivé. A trois heures et demie du matin, le détachement partit en longeant les quais dans la direction des Tuileries. Il prit la rue Royale, la rue Saint-Honoré, avançant vers le Palais-Royal, où l'on disait que des secours étaient utiles. Mais là encore le feu avait déjà accompli ses ravages. Sur la place du Palais-Royal, les pompes étaient au repos. On se battait du côté de l'Hôtel-de-Ville. Les projectiles pleuvaient, et un obus venait d'éclater à peu de distance de l'endroit où la compagnie était arrêtée. Elle dut rebrousser chemin et se rendre au ministère des finances, où elle attaqua l'incendie devant l'entrée située dans la rue de Castiglione à proximité de la rue de Rivoli. Après un certain temps du jeu des pompes, un chef de division du ministère, M. Colmont, vint annoncer que des papiers extrêmement précieux avaient été oubliés dans une pièce située à gauche au rez-de-chaussée, sous la voûte du second bâtiment, dans le fond de la cour; on enfonça la porte d'entrée et l'on procéda au sauvetage des papiers et registres signalés. Cette opération offrait les plus grands dangers. Pour sortir, il fallait traverser une cour carrée dont les bâtiments étaient enflammés dans toute leur hauteur. Des décombres en feu tombaient à la fois des quatre côtés et menaçaient de brûler ou de tuer les travailleurs. Enfin, après des efforts persévérants, on parvint à mettre en lieu sûr la valeur de quatre voitures de registres et de papiers.

Ces registres et ces papiers consistaient, savoir : dans le grand livre de la dette publique, les inscriptions déposées par les rentiers avant l'échéance du 1er avril, le livret de la caisse centrale et enfin une partie des valeurs du portefeuille.

Le danger augmentait d'instants en instants et au moment où les dernières liasses allaient être enlevées, les planchers s'effondraient en effleurant trois pompiers qui furent littéralement enveloppés de feu, couverts de cendres et à moitié asphyxiés ; fort heureusement ils ne furent pas blessés. Ainsi s'accomplit ce sauvetage par les seules compagnies de Vernon et de Saint-Marcel, avec le concours de M. le chef de division des finances et de cinq à six étrangers.

M. le chef de division prit, sur les indications du commandant du détachement, la désignation de la compagnie et les noms de ceux qui lui avaient semblé s'être le plus particulièrement distingués.

Tous les bâtiments étant détruits et le sauvetage terminé, le commandant dirigea son détachement par la rue Saint-Honoré, à l'angle de la rue Royale, où les restes de plusieurs maisons s'écroulaient. La compagnie d'Evreux était là, avec celles de Conches, Courbevoie, Rueil et Levallois-Perret. Aussi conduisit-il ses hommes dans le quartier des Champs-Elysées où, sur les indications de M. le baron Travot, ancien député de la Gironde, des secours étaient réclamés. Le commandant du détachement se mit en rapport avec M. Carnot, maire du 8e arrondissement, qui insista pour qu'il restât placé au centre de son arrondissement, afin de pouvoir être envoyé au besoin sur les différents points menacés.

La compagnie fut installée dans le bureau télé-

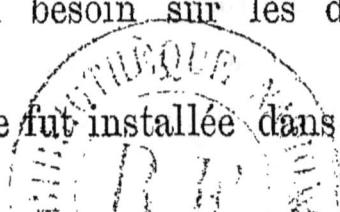

9

graphique vacant situé dans les Champs-Elysées, à l'angle de la rue de Marignan.

Ceci se passait le 25 mai.

Le 26 mai, elle éteignit un commencement d'incendie allumé au moyen du pétrole dans une maison située rue de Penthièvre, 38.

Le 27 mai, sur la réquisition de M. le maire, la compagnie concourut à éteindre l'incendie de trois maisons situées rue Boissy-d'Anglas, et le même jour, elle fut appelée rue de Courcelles, n° 52, où un commencement d'incendie s'était déclaré chez M. le comte de Bouillé.

Enfin, le 28 mai, alors qu'un certain nombre de compagnies partaient à une heure de l'après-midi, le détachement effectua son retour à Vernon.

Tels sont les services rendus par les compagnies de Vernon et de Saint-Marcel.

Les personnes qui se sont particulièrement distinguées, sont :

M. Desdouis, commandant le détachement, M. le sous-lieutenant Deshayes, MM. Gaisneau et Ménage ; ces deux personnes ont enfoncé la porte de l'appartement où étaient renfermés les papiers précieux au ministère des finances.

MM. Delabrosse et Ménage (de Vernon) et Bossu (de Saint-Marcel), ont failli être écrasés par la chute des planchers dans le même sauvetage.

Une mention particulière est due aussi à M. le docteur Devignevielle, de Vernon.

~~~~~~

ARRONDISSEMENT DES ANDELYS

Effectif des Compagnies

Andelys........................	37 hommes.
Ecouis.........................	6 —
Etrépagny......................	8 —
Fleury-sur-Andelle.............	13 —
Lyons-la-Forêt.................	12 —
Saint-Nicolas-de-Pont-Saint-Pierre.....	5 —
Romilly-sur-Andelle............	14 —
Total............	95 hommes.

COMPAGNIE DES ANDELYS

MM. Dumesnil ✶, *conseiller général ;*

Hamelin, *conseiller municipal ;*

Laisné-Meurdrac, *conseiller municipal ;*

Bouquet, *capitaine des pompiers ;*

Caron, *lieutenant ;*

Morsent, *sergent-major, conseiller municipal ;*

Sergent : M. Malèvre ;

Caporaux : MM. Boyer, Dufour ;

Sapeurs :

MM. Amette, Cauchois, Delacour, Gadouleau, Gens, Rouen ;

M. Chedeville, *chef de musique ;*

Volontaires :

MM. Aimable, *ancien militaire ;* Amette, *ouvrier en soie ;* Boutigny, *menuisier chez M. Hamelin ;* Cambefort, *chef d'atelier ;* Conard, *ouvrier en soie ;* Desestre, *entrepreneur du gaz ;* Fleury, *marchand de cuirs ;* Foubert, *forgeron ;* Gautier, *gazier :* Guesnier fils, *étudiant ;* Leclerc, *maçon ;* Lemaitre, *soldat ;* Leroy (Alfred), *ouvrier en soie ;* Leroy (Ernest), *sellier ;* Mittour, *serrurier ;* Morin père, *ancien carrossier ;* Morin fils, *carrossier ;* Mulot, *ouvrier en soie ;* Nobécourt, *journalier ;* Schiffmacher, *ancien soldat ;* Wirton, *cafetier.*

Cette compagnie partit des Andelys le 24 mai et arriva à Paris dans la nuit du 24 au 25.

Les 25, 26 et 27 mai, le détachement prit une grande part aux travaux de sauvetage entrepris au ministère des finances, et courut de véritables dangers.

Le 28 mai, après avoir reçu de M. Vilherme, colonel des sapeurs-pompiers de Paris, un laissez-passer, la compagnie rentrait dans ses foyers.

COMPAGNIE D'ÉCOUIS

MM. PORTIER (Jules), *lieutenant ;*

Clée (Eugène), *sergent-major.*

Volontaires :

MM. Lainay (Eugène), *maire ;* Leter (Désiré), *adjoint au maire ;* Drely (Dieudonné), *journalier ;* Filleul (Gustave), *domestique.*

—

COMPAGNIE D'ÉTRÉPAGNY

M. Anclin, *chef du détachement.*

Volontaires :

MM. Chauvet, Cremière fils, Dupré, Leroux, *agent-voyer*, Leteurtre, Marre, de Martineng.

Ce détachement, entièrement composé de volontaires, partit d'Étrépagny le 27 mai, à quatre heures du matin et arriva à Paris à dix heures. Là il fut immédiatement dirigé sur le Palais de justice, poste qu'il occupa jusqu'au 29. A cinq heures du soir, le détachement quittait Paris pour rentrer dans ses foyers.

Un des volontaires de ce détachement a été victime d'un affreux malheur.

M. Dupré, qui s'était réfugié à Étrépagny pendant la commune, avait laissé sa femme et deux jeunes enfants à Paris ; à peine arrivé, et quoiqu'il fût bien imprudent de s'aventurer ainsi tout seul dans la ville, il n'a qu'un souci, se rendre au plus vite rue Saint-Maur, où il a laissé ceux qui lui sont si chers exposés à tous les dangers du second siége. Ce quartier était encore occupé par les fédérés. Le costume que portait M. Dupré le signala sans nul doute à ces misérables et tout porte à croire qu'ils l'auront fusillé.

D'actives recherches ont été faites, mais toujours elles ont été infructueuses. De l'instant où cet infortuné commit l'imprudence de quitter le détachement, on perd ses traces, et Mme Dupré ignore encore aujourd'hui le sort qui a été réservé à son mari !

COMPAGNIE DE FLEURY-SUR-ANDELLE.

MM. BOUSSARD, *lieutenant ;*
   TANNERY, *sous-lieutenant.*

Sapeurs :

MM. ANQUETIN, LEDEBT, LEFEBVRE, LEROUX (Guillaume), LEROUX (Paul).

Volontaires :

MM. DEGRÉMONT, *garde moulin ;* DELARUE, *garçon boucher ;* DOLÉ, *employé de perception ;* LESUEUR, *grainetier ;* PIARD, *cultivateur ;* STŒSSER, *adjoint au maire.*

Ce détachement, parti de Fleury-sur-Andelle le 26 mai, fut posté aussitôt son arrivée à Paris à la gare du Nord et y resta jusqu'au 30 mai, sans avoir été requis pour porter secours en aucun endroit.

Il était de retour à Fleury dans la soirée du 30.

COMPAGNIE DE LYONS-LA-FORÊT

MM. BOISSEL, *capitaine ;*

LEDANSEUR, *lieutenant ;*

DE REINACH, *sous-lieutenant.*

Fourrier : M. HÉLIE.

Sergent : M. DUMONT.

Sapeurs :

MM. BRU, CARON.

Volontaires :

MM. GOUPIL, LEFAN, LETAILLEUR, LEVÊQUE fils, ROGER.

Le 26 mai 1871, deux heures après avoir reçu la dépêche de M. Dehais, sous-préfet des Andelys, qui appelait les sapeurs-pompiers à Paris, M. Boissel, réunissait sa compagnie et partait aussitôt à la tête des sapeurs et des volontaires dont les noms précèdent.

Ils arrivèrent à Asnières vers neuf heures du soir et attendirent à cette station une locomotive qui les conduisît à la gare Saint-Lazare.

Le détachement se dirigea immédiatement vers le ministère des affaires étrangères, d'où on l'envoya à l'état-major général. Là, on lui indiqua comme poste à occuper pendant la journée du 27, la place de la Bastille.

Arrivé en cet endroit, il fut placé à l'entrée de la rue Saint-Antoine, derrière la barricade qui fermait l'entrée de cette rue.

Une batterie d'artillerie, appartenant à l'armée de Versailles et placée près de la colonne de Juillet, canonnait vigoureusement la mairie du faubourg Saint-Antoine, occupée par les insurgés.

Deux obusiers de montagne, servis par des artilleurs de la marine, qui les avaient transportés dans les combles de chacune des maisons qui forment l'entrée de la rue Saint-Antoine, dirigeaient leur feu sur le même point.

Jusqu'à sept heures du soir, la compagnie de sapeurs-pompiers resta sans broncher à son poste périlleux, mais fort heureusement pas une seule personne du détachement ne fut atteinte par les obus ou par les balles.

Vers huit heures du soir, le détachement reçut l'ordre de regagner le poste du Louvre, où il put se reposer de toutes les fatigues qu'il avait si courageusement supportées.

La journée du 28 se passa à attendre des ordres.

Le 29 au matin, M. Boissel rejoignit la compagnie de Bolbec (Seine-Inférieure), au guichet de l'Echelle, où ils avaient mission de protéger ce qui restait intact des bâtiments des Tuileries.

Dans la journée, ils firent une visite générale des caves, des cours et des bâtiments du Louvre. On y disait des insurgés cachés ; mais les recherches restèrent sans résultat.

Le 30, suivant l'ordre reçu de M. le colonel des sapeurs-pompiers de Paris, ils se rendirent à la gare des Batignolles, d'où ils regagnèrent leurs foyers.

M. Ledanseur, lieutenant et Hélie, sergent, reçurent, peu de temps après, une médaille d'honneur, comme récompense des bons et loyaux services qu'ils avaient rendus tant pendant leur séjour à Paris, que depuis les trente années qu'ils appartiennent à la compagnie de sapeurs-pompiers de Lyons-la-Forêt.

COMPAGNIE DE SAINT-NICOLAS-DE-PONT-SAINT-PIERRE

MM. LESUEUR, *adjoint au maire, chef du détachement ;*

COFFRE, *sergent.*

Volontaires :

MM. ALLAIN, DELÉPINE, MULOT.

Au reçu de la dépêche ministérielle, la compagnie de sapeurs-pompiers de Pont-Saint-Pierre fut convoquée, mais son capitaine n'ayant pas jugé à propos de se présenter, soit pour une cause, soit pour une autre, les hommes placés sous ses ordres ne voulurent pas partir, sauf un seul, M. Coffre, sergent de la compagnie.

Pour sauver l'honneur de la commune, et vu l'empêchement de M. le maire qui était malade, M. Lesueur, adjoint, prit le parti, avec l'assentiment de M. le sous-préfet des Andelys, de faire appel aux volontaires.

Quatre hommes seulement répondirent à son pressant appel : leurs noms sont consignés en tête de ce rapport.

Le 26 mai, ce petit détachement effectuait son départ et emmenait la seule pompe disponible. Chacun de ceux qui le composaient s'était arraché volontairement à sa famille et à ses travaux. Ajoutons que M. Lesueur, chef du détachement, marié et père de deux jeunes enfants, abandonnait aussi son étude de notaire.

En route, ils rencontrèrent un sapeur-pompier séparé de sa compagnie, le sieur Alexis Picton, de Rouge-Perriers ; ce brave citoyen se joignit immédiatement au détachement.

Arrivés à Paris le 26 mai, ils furent immédiatement dirigés sur le Ministère des finances, puis à la Sainte-Chapelle et au Palais-de-Justice, et ensuite près du faubourg du Temple ; c'est là que le volontaire Mulot reçut une balle qui traversa sa coiffure, sans le blesser toutefois.

Le 31 mai, le secours de ce brave petit détachement n'ayant plus été jugé nécessaire, il opéra son retour dans ses foyers.

COMPAGNIE DE ROMILLY-SUR-ANDELLE

MM. PEYNAUD, *capitaine ;*
    DE GONFREVILLE, *lieutenant ;*
    BOURIE, *sous-lieutenant.*
Sergent : M. LAPILLE.
Caporal : M. DUBOC.

Sapeurs :

MM. BOUTIGNY, CHŒT, HUGUES, LEGENDRE, LEPRÊTRE.

Volontaires :

MM. ADAM, CHARDON, LEFEBVRE, LÉTRANGE.

M. Henri Peynaud, capitaine de la compagnie de sapeurs-pompiers de Romilly-sur-Andelle, ayant pris connaissance de la dépêche de M. le sous-préfet des Andelys, s'empressa immédiatement de réunir les hommes placés sous ses ordres et leur exposa la nécessité de partir de suite, en faisant appel à leur courage et à leur patriotisme.

Le détachement une fois formé partit de Romilly à cinq heures du matin le 27 mai et arriva à Paris à dix heures, où, d'après les ordres de M. Vilherme, colonel des sapeurs-pompiers, il se rendit au palais du Louvre.

Pendant la journée du 27 et celle du 28, il resta en observation, et ce fut pendant cette dernière journée (dimanche de la Pentecôte), que MM. Peynaud, capitaine, de Gonfreville, lieutenant, et Bourie, sous-lieutenant, se promenant à proximité de leur poste, essuyèrent une décharge de coups de fusil qui, heureusement, ne blessa aucun d'entre eux.

Le mardi 30 mai, après avoir reçu l'ordre de quitter Paris, le détachement se rendit à la gare Saint-Lazare, et à sept heures du soir, il rentrait dans ses foyers.

ARRONDISSEMENT DE BERNAY

Effectif des Compagnies

Bernay..........................	30	hommes.
Barc.........	10	—
Beaumesnil.....................	10	—
Beaumont-le-Roger..............	4	—
Brionne........................	32	—
Broglie........................	14	—
Fontaine-la-Soret..............	1	—
Montreuil-l'Argillé............	2	—
Rouge-Perriers.................	1	—
Serquigny.....................	5	—
Thiberville	11	—
Total.............	120	hommes.

COMPAGNIE DE BERNAY

M. Leleu, *sous-lieutenant.*
Sergents : MM. Amette et Levesque.
Sergent-fourrier : M. Lemercier.
Caporal-fourrier : M. Boussard.
Caporaux : MM. Delalonde, Legris, Mallet.
Clairons : MM. Leseigneur, Gosselin.
Porte-hache : M. Pinchon.

Sapeurs :

MM. ALLAIN, ALLEAUME, BACHELET, BERSON
fils, LEGUERCHOIS, MAILLET, POULAIN, VALENTIN.

Volontaires :

MM. BERGERON, COCHIN (Emile), DAMERY, FER-
NANDEZ, FROVILLE, HUET (Charles), LEROY, MIGNON,
MONSILLON, PIERRON, PRÉVOST (Charles).

La compagnie, partie de Bernay le 24 mai, à
deux heures de l'après-midi, est arrivée, vers une
heure du matin, à Colombes, le 25 mai.

Le détachement, après avoir débarqué seul son
matériel, est parti traînant à bras ses trois pompes,
en passant par Courbevoie, Neuilly, l'avenue de la
Grande-Armée, puis a campé au Trocadéro en attendant le jour et des ordres.

Après des renseignements obtenus difficilement,
le détachement s'est rendu, par l'avenue François Ier
et la place de la Concorde, rue Saint-Florentin et
place Vendôme, où il reçut l'ordre de se rendre
au ministère des finances.

Le détachement a travaillé dans la rue Monthabor,
aux nos 32 et 36, côté opposé au ministère. Ayant
reçu l'ordre de se poster au Louvre, le détachement
s'y est rendu. Mais il ne put gagner le Château-
d'Eau, par la rue de Rivoli et le boulevard Sébas-

topol ; il dut rétrograder à cause de la fusillade et revint au casernement du Louvre.

Le vendredi 26 mai, sur un nouvel ordre, la compagnie a pu cette fois arriver jusqu'au haut de la rue Turbigo ; mais là, les barricades et la fusillade ne lui ont pas permis de parvenir jusqu'au Château-d'Eau : rebroussant chemin, elle s'est arrêtée en face la fontaine Saint-Michel, au bout du pont au Change.

Après avoir stationné en cet endroit près de une heure, le détachement s'est rendu rue de l'Arbre-Sec et rue de la Baguette où il a éteint complètement un incendie, puis il est rentré à la caserne à la fin du jour.

Le samedi 27, appelé au pavillon de Flore, il s'y est rendu avec les deux pompes dont il pouvait disposer ; après trois heures de travail dans les caves et les cuisines, il est rentré à son quartier.

Vers midi, le détachement a reçu l'ordre d'aller à la Bastille, mais n'a pu arriver qu'au bout de la rue Saint-Antoine, où il a attendu des ordres près de quatreheures ; il ne pouvait traverser la place, où on se battait encore.

Le détachement est revenu se caserner au Louvre et n'a pu sortir que pour prendre le chemin de fer rue Saint-Lazare, après avoir conduit son matériel gare des Batignolles.

La compagnie était de retour à Bernay le 29 mai. Nous devons signaler comme s'étant particulièrement distingués M. le sous-lieutenant Leleu, commandant le détachement, et MM. Pierron et Leroy, tous deux sapeurs-pompiers volontaires.

COMPAGNIE DE BARC

MM. CAPLAIN, *lieutenant ;*
  PARIS, *sous-lieutenant ;*
  LAMARCHE (Maxime), *sergent.*
Caporaux : MM. BARBEY (Aimé), BARBEY (Victor).

Sapeurs :

MM. LEBLOND (Auguste), LEBLOND (Zéphir), PARIS (Antoine-Romain), VÉDIE (Félicien), VERSAL (Louis).

Le détachement est arrivé à Paris le 25 mai, à cinq heures du matin ; il a été dirigé par M. le colonel Vilherme et placé pour combattre l'incendie du pavillon de Rohan, au Louvre, jusqu'à six heures du soir.

La compagnie fut ensuite dirigée rue de Rivoli, pour arrêter les progrès de l'incendie qui s'était déclaré aux n⁰ˢ 77, 79 et 81. De cette rue, le détachement se rendit au ministère des beaux-arts, où il est resté jusqu'au 29, jour de son départ de Paris.

La compagnie était de retour à Barc le 29 au soir.

—

COMPAGNIE DE BEAUMESNIL

MM. LEMAITRE, *capitaine ;*
BRUNET fils, *tambour.*

Sapeurs :

MM. BISSON, BRUNET, DESCHAMPS, DODON, ERNIS (Placide), JOURDAN, NOUVEL, POULET.

—

COMPAGNIE DE BEAUMONT-LE-ROGER

M. VAUSSARD, *capitaine.*

Volontaires :

MM. GAULARD, *journalier ;* HULIN (Vital), *épicier ;* PRIER (Jules), *tonnelier.*

—

COMPAGNIE DE BRIONNE

MM. LONGUEMARE (Ernest), *capitaine ;*
DURET (Louis), *lieutenant ;*
BIGOURDAN, *chirurgien.*
Sergent-fourrier : M. CAVILLON.
Caporal : M. ALLAIN.

Sapeurs :

MM. Boulanger, Carpentier, Cavelier, De-
villers, Dubusc, Duperron, Duret (Charles),
Fourré aîné, Hébert, Lerique, Longuemare
(Henri), Marais, Margotin.

Le premier détachement, composé de 18 hommes,
sous les ordres du capitaine de la compagnie,
M. Longuemare, partit de Brionne le 24 mai avec
une pompe et arriva le 25 mai à cinq heures et demie du matin à Paris, où il stationna sur la place
de la Concorde, en attendant des ordres.

Il fut ensuite dirigé sur le Louvre, afin de combattre les progrès de l'incendie qui y avait été allumé et y fit son devoir, malgré les obus qui pleuvaient en ce moment-là sur l'édifice embrasé.

Du 27 au 28 mai, il fut occupé à la surveillance
des bâtiments du Louvre et des caissons de munitions abandonnés par les fédérés dans la cour du
Carrousel.

Le 29 mai, à sept heures du matin, ce détachement quittait Paris pour rentrer dans ses foyers.

Un deuxième détachement parti de Brionne le
29 mai reçut contre-ordre à Evreux. Il se composait de :

MM. Legoupil, *sous-lieutenant.*
Caporal : M. Bouvier.

Sapeurs :

MM. Davoust, Durand, Leclerc, Ledesvé-d'Heudière.

Volontaires :

MM. Coquelin, Delamare, Duret, Despoisse, Maire, Pignot, Poret, Rosée.

———

COMPAGNIE DE BROGLIE

MM. Fresne, *capitaine;*
    Gobart, *sergent-major.*
Sapeur : M. Moutel.

Volontaires :

MM. Bailly, Beaumont, Blin, Bonnegent, Boutron, Croisey, Deschamps, Duprey, Guilbert, Perruchet, Picard.

A Bernay, se sont joints à la compagnie comme *volontaires* MM. Gardin, Leroy, Maignet et Piéron.

Le détachement de Broglie, arrivé à Paris le 25 mai 1871, à cinq heures du matin, stationna pendant fort longtemps sur la place de la Concorde, en attendant des ordres.

Ce fut pendant ce moment d'attente qu'une femme vint offrir, à ceux qui en désiraient, du café qu'elle distribuait gratis.

Fort heureusement, aucun homme du détachement n'y goûta ; mais il n'en fut pas de même de trois infortunés soldats d'infanterie qui, en ayant pris chacun une tasse, moururent dans la journée. Le café était empoisonné.

Cette femme fut fusillée.

De la place de la Concorde, on se rendit à la caserne du Louvre, assignée comme poste provisoire.

Le jeudi 26 et le vendredi 27, le détachement concourut avec plusieurs autres à l'extinction des incendies de la rue de Rivoli, de l'Hôtel-de-Ville et de la mairie du 4e arrondissement.

Le lundi 29 mai, il rentrait dans ses foyers.

FONTAINE-LA-SORET

M. Monsillon (Eugène), *sapeur.*

Ce sapeur s'est joint à la compagnie de Bernay.

COMPAGNIE DE MONTREUIL-L'ARGILLÉ

MM. Pipon, *lieutenant ;*

Hirel, *volontaire.*

ROUGE-PERRIERS

M. Picton (Alexis), *tambour.*

Cet homme s'est joint à la compagnie de Pont-Saint-Pierre.

COMPAGNIE DE SERQUIGNY

MM. Vy (Augustin), *lieutenant;*
Despoisse, *sergent.*

Sapeurs :

MM. Cavelier, Lemenu, Vy (Henri).

La compagnie de sapeurs-pompiers était complètement désorganisée depuis quelque temps déjà, lorsque la dépêche du Chef du pouvoir exécutif parvint aux autorités municipales de Serquigny.

M. Augustin Vy, commandant, était absent, et ce ne fut que le 26 mai, à son retour, qu'il connut l'appel fait au dévoûment des pompiers du département.

Après en avoir référé à M. le sous-préfet de Bernay et sur son avis, le 27 mai, le détachement, composé presque uniquement de volontaires, partit en emmenant une pompe.

Arrivé à Paris, son chef alla immédiatement demander des renseignements à M. Fernand Leroy, conseiller de préfecture, délégué de M. le préfet de l'Eure.

Le nombre de pompes venues des départements étant déjà considérable, le secours des sapeurs-pompiers de Serquigny ne fut pas jugé nécessaire, et, après avoir séjourné à Paris, dans le quartier de la Madeleine jusqu'au 30 mai, ils repartirent pour rentrer dans leurs foyers.

COMPAGNIE DE THIBERVILLE

MM. Lécuyer, *lieutenant ;*

Vauquelin, *sous-lieutenant ;*

Sergent : M. Legrand ;

Sergent honoraire : M. Verel ;

Sergent-fourrier : M. Lefèvre ;

Caporal : M. Postel ;

Clairon : M. Bichot ;

Sapeurs :

MM. Odieuvre, Pilet ;

Volontaires :

MM. Lelièvre, Loutrel.

Parti de Thiberville le 26 mai, à trois heures de l'après-midi, ce détachement n'est arrivé à Paris que le 27, à cinq heures du matin. Il se rendit tout d'abord au ministère des affaires étrangères, puis fut dirigé sur le poste du Louvre, où il arriva à onze heures.

La compagnie reçut la mission d'aller protéger la place de la Bastille contre l'incendie, mais il était trop dangereux d'y parvenir et elle dut rebrousser chemin avec les pompiers du Havre, qui ramenaient un de leurs camarades blessé au bras par un éclat d'obus et une de leurs pompes brisée par l'explosion d'un projectile.

Le 28 mai au matin, M. Lécuyer, lieutenant, alla aux ordres, et comme son service ne fut plus jugé utile, il reçut un laissez-passer pour conduire sa compagnie dans ses foyers.

ARRONDISSEMENT DE LOUVIERS

Effectif des Compagnies

Louviers........................	47 hommes.
Gaillon	22 —
Notre-Dame-du-Vaudreuil.............	14 —
Pont-de-l'Arche....................	7 —
Saint-Cyr-du-Vaudreuil..............	10 —
Total.............	100 hommes.

COMPAGNIE DE LOUVIERS

MM. Dannet (Charles), *capitaine.*

Marsollet, *lieutenant.*

Lalun, *sous-lieutenant.*

Dannet (Georges), *sergent-major.*

Sergents : MM. Thorel, Thouet.

Caporaux : MM. Buron, Heudebert, Mabire, Malassis.

Sapeurs :

MM. Aubé, Bertin, Bourdon, Breton, Carpentier, Chevallier, Coggia, Darcy, Dubois, Duclos, Duteurtre, Gaguin, Gambu, Goué, Gripon fils, Guibert, Hervieux, Labrie, Lacarrière, Ledran, Lefebvre, Legrix, Lemercier, Marsollet, Meslin, Meyer, Morel, Milsan, Moulin, Petit, Pichou aîné, Pichou (Henri), Potel, Savary, Varin, Vilcoq.

Volontaire

M. Lemercier.

Le 24 mai 1871, vers une heure de l'après-midi, le capitaine de la compagnie de sapeurs-pompiers était prévenu par M. Varcollier, sous-préfet, que le Chef du pouvoir exécutif faisait appel au dévoûment des sapeurs-pompiers de la province, pour combattre les incendies allumés à Paris par les partisans de la Commune.

A deux heures, la compagnie des chemins de fer de l'ouest mettait un train à la disposition d'un détachement composé de :

MM. Dannet, *capitaine;* Lalun, *sous-lieutenant;* Thouet, *sergent;* Buron, Malassis, *caporaux;* Bourdon, Carpentier, Duteurtre, Hervieux, Labrie, Lacarrière, Lefebvre, Lemercier, Mabire, Marsollet, Meslin, Meyer, Milsan, Morel, Moulin, Petit, Pichou aîné, Pichou (Henri), Potel, Savary, Vilcoq, *sapeurs*, et un tambour. (M. Lemercier suivait le détachement comme médecin.)

Ces vingt-huit hommes emmenaient deux pompes et leurs accessoires.

Par suite de la désorganisation du service du chemin de fer, le détachement n'arriva qu'à huit heures du soir à la station de Colombes. Les circonstances ne permettaient pas au train de s'avancer davantage vers Paris.

Le détachement fut obligé de gagner Paris à pied, traînant péniblement son matériel.

En passant à Courbevoie, le commandant de place ne put donner aucune indication autre que celle de se rendre au Trocadéro, où devait être encore l'état-major de la place de Paris.

La compagnie dut franchir les tranchées de la porte Maillot, et, vers minuit, elle arriva au Trocadéro. Là, un spectacle effrayant s'offrit à sa vue : Paris brûlait en vingt endroits. La canonnade, la fusillade, les obus qui éclataient de tous côtés, voilà ce que l'on entendait.

Sur quel point se diriger ?

N'ayant aucun ordre, le détachement se réfugia dans un poste abandonné et, pendant deux heures, prit un peu de repos qui lui était bien nécessaire.

Vers cinq heures du matin, on se remit en route en se dirigeant vers le point qui semblait le plus en danger. C'était le ministère des finances.

Dès la première inspection, il fut facile de reconnaître qu'avec les moyens dont la compagnie pouvait disposer, il serait impossible d'arrêter l'incendie déjà développé sur une immense étendue.

Le but que le commandant du détachement chercha à atteindre fut de circonscrire autant que possible les progrès envahissants des flammes, de manière à préserver les bâtiments les plus voisins.

La rue la plus menacée était celle du Monthabor. C'est là que se concentrèrent tous les efforts.

Cependant de nouveaux désastres portaient la désolation dans Paris : les Docks de la Villette brûlaient.

Le 26, un second détachement partait de Louviers. Il était composé de :

M. MARSOLLET, *lieutenant.*
Sergent-major; M. DANNET.
Sergent : M. THOREL.
Caporaux : MM. DUBOIS, HEUDEBERT, LEGRIS.

Sapeurs :

MM. AUBÉ, BERTIN, BRETON, CHEVALLIER,

COGGIA, DARCY, GAGUIN, GAMBU, GOUÉ, GRIPPON fils, GUIBERT, LEDRAN, VARIN.

A la gare de Gaillon, le détachement est renforcé par les personnes ci-après désignées :

Sapeurs :

M. DELTOUR, MAREUX, VILLEZ.

Volontaires.

MM. BÉCHOT, BLOT, COLOMBE, DIOCHON, DUJAR-DIN, DURAND, DUVIVIER, GILLES, GUIBERT, HERPIN, MALLET, MARTEL, MIGNARD, PAILLARD-GAGET, POIRET, RIBERPRAY, SAVIGNAC, TOUFLET, TRIPPÉ.

Ne sachant où aller, au milieu de la nuit, M. Marsollet, sur le conseil d'un commandant de la garde nationale, se rendit à la mairie du 9e arrondissement, rue Drouot.

Cette mairie était occupée par un poste de gardes nationaux, et un colonel qui se trouvait là conseilla au chef du détachement, M. Marsollet, d'attendre des ordres qui tardèrent tellement, qu'ennuyé, ce dernier se décida à se faire conduire à l'état-major de la place Vendôme.

Là ce second détachement trouva le premier, et M. Dannet prit le commandement de toute la compagnie.

Le dimanche 28 mai, sur l'avis de M. le colonel Wilherme, des sapeurs-pompiers de Paris, le détachement partit, regagnant à pied Maisons-Laffite, endroit désigné pour prendre le chemin de fer.

Pendant son séjour à Paris, cette compagnie courut souvent de grands dangers ; une fois entr'autres, un obus tomba au milieu des travailleurs, éclata et fort heureusement ne blessa personne.

Tous les braves citoyens composant ce détachement méritent des éloges, mais il est de toute justice de citer particulièrement MM. Dannet, capitaine ; Marsollet, lieutenant et Lalun, sous-lieutenant.

Prélèvement fait des dépenses par le capitaine de la compagnie, les hommes ont fait l'abandon au bureau de bienfaisance d'un reliquat de 104 fr., montant des frais de route que la ville de Paris leur avait alloués.

Les sapeurs et les volontaires de Gaillon se sont fort bien conduits et ont su faire apprécier d'une manière efficace leur courageux concours.

COMPAGNIE DE NOTRE-DAME-DU-VAUDREUIL

MM. Delamotte, *capitaine ;*
   Lesieur, *sergent-major.*

Sapeurs :

MM. Aubé (Octave), Aubé (Pierre-Nicolas),

BELLENGER, DUVAL, LANGE, LEMARIÉ, MONNIER,
PAPEIL, PERRIN, SERVANT (Pierre-Victor), SERVANT
(Théophile), VERNIER.

La compagnie partit de Notre-Dame-du-Vaudreuil le 26 mai et arriva à Asnières le même jour,
vers dix heures du soir. Là, elle attendit, jusqu'à
deux heures du matin, un train qui devait la conduire à Paris, et ce ne fut qu'après que l'on eût été
réclamer à la gare Saint-Lazare, que la compagnie
du chemin de fer se décida à envoyer une locomotive.

Le détachement, aussitôt arrivé dans Paris, se
dirigea vers le Ministère des affaires étrangères, et
reçut l'ordre de se rendre au dépôt du Louvre.

Requis pour aller porter secours rue Saint-
Antoine, près de la place de la Bastille, M. Delamotte, commandant le détachement, s'y rendit de
suite et y resta jusqu'au 27 mai dans la nuit, au
milieu de la fusillade.

Dans le local où la compagnie se réfugia pour se
mettre pendant un instant à l'abri des projectiles, il
y avait dix-neuf cadavres de communeux, dont deux
femmes, et une trentaine de blessés.

Le 28 mai, dans la matinée, M. Delamotte reçut
l'ordre de se rendre avec ses hommes aux magasins
de *Pygmalion*, qui brûlaient depuis deux jours, et

de relever les sapeurs-pompiers de Saint-Germain-en-Laye.

La compagnie de Notre-Dame-du-Vaudreuil resta à combattre l'incendie de ce vaste établissement jusqu'au lundi 29 mai.

Vers quatre heures du soir, M. Lesieur (Jules), sergent-major, en faisant une manœuvre de sauvetage, tomba du deuxième étage et se contusionna fortement la tête.

Transporté immédiatement à l'ambulance du Cloître-Saint-Merry, il reçut des secours empressés pendant le temps qu'il y resta.

La compagnie n'a eu qu'à se louer de la réception qui lui a été faite par les propriétaires des magasins de *Pygmalion*.

Le détachement opéra son départ le lundi 29 mai, à sept heures du soir.

MM. Delamotte, capitaine, et Lesieur, sergent-major, se sont montrés au-dessus de tout éloge.

COMPAGNIE DE PONT-DE-L'ARCHE

MM. ROMAIN (Félix-Eugène), *capitaine ;*
DAMOIS (Louis-Théodule), *sergent-major ;*
MOUCHARD (Cléophas), *fourrier.*

Volontaires :

MM. BRÉANT, DUCHEMIN, MORIN.

COMPAGNIE DE SAINT-CYR-DU-VAUDREUIL

MM. LESAULNIER, *lieutenant ;*
 ALLAIN, *sous-lieutenant.*
Caporal : M. LECAUDÉ (Ferdinand).

Sapeurs :

MM. DELANDES, LECAUDÉ (Jean-Baptiste).

Volontaires :

MM. CHENNEVIÈRE, HOCHON, LEGRAND, PARENT, TAUBIN.

Ce détachement, sous les ordres de M. Lesaulnier, lieutenant, partit de Saint-Cyr-du-Vaudreuil le 26 mai 1871, à sept heures du soir, et arriva à deux heures du matin dans Paris.

Dirigé sur le Ministère des affaires étrangères, il reçut l'ordre de se rendre au Louvre.

A peine arrivé, un capitaine des sapeurs-pompiers de Paris apporta l'ordre au commandant du détachement d'avoir à se porter immédiatement rue Jean-Beausire, afin de combattre un incendie qui venait de se déclarer.

A neuf heures du soir, la compagnie rentrait à son poste au Louvre.

Le dimanche 28, à une heure du matin, elle se transporta aux magasins de *Pygmalion* et y resta jusqu'au lendemain lundi 29, à huit heures du matin, sans se reposer un instant.

A sept heures du soir, M. le colonel des sapeurs-pompiers de Paris délivra un laissez-passer, afin que le détachement pût retourner dans ses foyers.

MM. Lesaulnier, lieutenant, Allain, sous-lieutenant, et Lecaudé, caporal, se sont particulièrement distingués.

~~~~~~~~~

ARRONDISSEMENT DE PONT-AUDEMER

Effectif des Compagnies

Pont-Audemer.....................	20 hommes.
Beuzeville......................	13 —
Bosguerard-de-Marcouville..........	37 —
Pont-Authou......................	11 —
Total.............	81 hommes.

COMPAGNIE DE PONT-AUDEMER

M. Saffrey, *sous-lieutenant ;*
Sergents : MM. Denize, Gouin ;
Caporaux : MM. Durand, Frérot.

Sapeurs :

MM. Babin, Bourdon, Brisset, Bouchard, Cré-
venille, Dehors, Delamare, Grente, Rabonille,
Topsent, Vallée, Vitrel.

Volontaires :

MM. Auger, *ancien sergent de pompiers;* Bour-
geois, Desmares.

Ce détachement s'est joint aux compagnies de
Pont-Authou, de Beuzeville et du Havre.

———

COMPAGNIE DE BEUZEVILLE

M. Lucas, *sous-lieutenant, commandant le détachement.*

Sapeurs-pompiers :

MM. Echivard, Pelcot.

Volontaires :

MM. Auzerais, *rentier;* Charlemaine, *agent-
d'affaires;* Heuzé, *percepteur;* Lepeuple, fils, *ins-
pecteur des finances;* Rebut, *aide-pharmacien;*
Souillard, *agent-voyer;* Tessier, *coiffeur;* Toutain,
licencié en droit; Vallée, *commis de banque.*

Le mercredi 24 mai 1871, au reçu de la dépêche
du ministre de l'intérieur, le rappel fut sonné dans

Beuzeville et à 2 heures 1/2 de l'après-midi le détachement partait au pas gymnastique pour se rendre à la station de Quetteville (Calvados), où il prenait le premier train.

A 2 heures du matin, il débarquait à Colombes, avec son matériel composé de deux pompes et de leurs accessoires.

De cette station jusqu'à Paris, les Beuzevillais durent traîner leurs pompes à bras ; ils n'étaient cependant que la moitié du personnel nécessaire à ce travail ; mais en pareil cas, le courage double les forces, aussi dès 5 heures du matin, faisaient-ils leur entrée dans la capitale, par l'avenue de Neuilly et de la Grande-Armée.

De l'état-major de la garde nationale, situé place Vendôme, ils se rendirent place Saint-Germain-l'Auxerrois pour y prendre les ordres du commandant des sapeurs-pompiers de Paris.

En passant dans la rue de Rivoli, un éclat d'obus, du poids de 750 grammes, tomba au milieu d'eux et fort heureusement n'atteignit personne (il a été conservé par M. Lucas, sous-lieutenant).

Les sapeurs-pompiers et volontaires Beuzevillais travaillèrent à l'extinction des incendies de la place Saint-Germain-l'Auxerrois, du ministère des finances, de la rue et de la place Royale et des magasins généraux.

Quand ils se rendaient à ce dernier poste, dans la nuit du 26 mai, rue Lafayette, une bombe tomba à quelques pas d'eux, mais elle n'éclata pas.

Le dimanche 28 mai, vers midi, la présence du détachement n'ayant plus été jugée nécessaire on lui délivra un laissez-passer et le lundi il s'embarquait à la gare Saint-Lazare, à 8 heures du matin.

Ce n'est que le mardi matin, à 5 heures, que les braves sapeurs-pompiers et volontaires Beuzevillais, rentraient dans leurs foyers, avec le sentiment du devoir accompli.

COMPAGNIE DE BOSGUÉRARD-DE-MARCOUVILLE

MM. D'ASSONVILLEZ, *maire ;*
LEFEBVRE, *capitaine ;*
TOLMÉ, *lieutenant ;*
FOUQUET, *sous-lieutenant ;*
ALLAIN, *sergent-major.*

Sergents : MM. HÉBERT, TURQUETIL, VERGER.

Caporaux : MM. BRARD, MAILLEU, SÉNÉCAL, TOLMÉ.

Tambour-maître : M. MOUTIER ;

Tambour : M. CARNE ;

Clairons : MM. DESMONTS (Pierre), LERAT.

Sapeurs:

MM. Becquet (Albert), Becquet (Victor), Benoist, Bouquetot, Chevreuil, Desmonts (Alphonse), Dubuc, Dufour, Etienne, Foutrel, Hébert, Morainville, Pastelet, Poulain, Rouland, Tolmé, Touflet (Edmond), Touflet (Etienne), Varanne, Vasse.

Volontaire: M. Bonhomme.

———

COMPAGNIE DE PONT-AUTHOU

MM. Houel, *capitaine;*

Lebourg, *sous-lieutenant;*

Corblin, *sergent-fourrier.*

Caporaux : MM. Duhamel, Lecat, Marais.

Clairons : Beaumesnil, Périer (Jules).

Sapeurs:

MM. Cornaert, Godard, Périer (Florentin).

Ce détachement, parti de Pont-Authou le mercredi 24 mai, à sept heures du soir, arriva à Colombes à trois heures du matin. De là, il se rendit, en traînant à bras son matériel, jusqu'à Courbevoie où il arriva à quatre heures et demie et fit une halte de quelques instants afin de prendre un peu de nourriture. Il repartit à cinq heures pour Paris, après avoir traversé Neuilly, franchi la porte Maillot et suivi l'avenue de la Grande-Armée jusqu'à l'arc de triomphe de l'Etoile, où il fit une nouvelle halte en attendant des ordres.

D'après les instructions données à M. Houel, capitaine commandant le détachement, il se dirigea vers le 9e arrondissement, où il fut posté dans un hôtel de la rue de Clichy, appartenant à M. d'Assonvillez, maire de Bosguerard-de-Marcouville, et jusqu'au 30 mai, jour de son départ de Paris, il ne fut occupé qu'à des patrouilles toutes les nuits, parcourant les rues depuis l'église de la Trinité jusqu'à la place Blanche.

Là se bornent les renseignements que nous avons recueillis. Nous aurions voulu que ce travail fût plus complet ; mais, nous l'avons déjà dit, quelques chefs de détachement ont malheureusement laissé sans réponse les lettres que nous leur avons adressées pour obtenir les rapports de leur expédition.

Quoiqu'il en soit, on ne peut méconnaître les services éclatants rendus par les sapeurs-pompiers du département de l'Eure à Paris et à la société. Nous avons donc fait une œuvre utile, si modeste qu'elle soit, en consacrant le souvenir de leur courage et de leur dévoûment, et en signalant les droits qu'ils ont acquis à la reconnaissance publique.

Les journaux, du reste, ont rendu justice à tous,

et nous ne pouvons mieux faire que de rapporter ce qui a été dit par le *Journal officiel:*

« Les pompiers d'Evreux, de Bernay, de Louviers, de Pont-Audemer et des Andelys, ainsi que de bien d'autres communes du département de l'Eure, sont accourus les premiers à Paris à la nouvelle des incendies allumés par la Commune et ont fait preuve du plus grand dévoûment.

« Ils auront contribué pour une grande part à préserver la capitale de la destruction totale qu'avaient préparée, avec un art infernal, les misérables qui ont ruiné la France et Paris pour de longues années.

« Les officiers, pompiers et volontaires ont donné, dans ces douloureuses circonstances, un grand exemple de dévoûment, d'abnégation, et Paris n'oubliera jamais qu'ils ont puissamment contribué à le préserver d'une ruine absolue. »

RÉCOMPENSES

RÉCOMPENSES

~~~✕~~~

Avant de terminer, il nous a paru de toute équité de donner la liste des récompenses accordées aux officiers, sous-officiers, sapeurs-pompiers et volontaires qui se sont particulièrement distingués pendant leur séjour à Paris.

L'Assemblée nationale, dans sa séance du 29 juin 1871, émit d'abord à l'unanimité le vote dont la teneur suit :

« L'Assemblée nationale, voulant rendre un hommage
« public au dévoûment et au patriotisme des sapeurs-pom-
« piers de France, qui aujourd'hui exposent leur vie pour
« sauver Paris, vote des remercîments aux sapeurs-pompiers
« de province qui sont venus apporter leur concours pour
« éteindre les incendies de Paris. »

12*

Sur la proposition de MM. les généraux Valazé et Daguerre, M. le docteur Buisson, aide-major de la compagnie des sapeurs-pompiers d'Evreux, fut nommé chevalier de l'ordre national de la Légion d'honneur.

M. le général de Cissey, ministre de la guerre, lors de son voyage à Evreux, au mois d'octobre 1872, décerna la médaille militaire à MM. Thorel, caporal et Duperron, sapeur.

M. le ministre de l'intérieur accorda des médailles d'honneur spéciales aux personnes dont les noms suivent :

Arrondissement d'Evreux

Compagnie de Sapeurs-Pompiers d'Evreux

MM. A. DE BUREY, *officier de la Légion d'honneur, capitaine ;* BOVE, *lieutenant en* 1er ; LERICHOMME dit LAFLEUR, *caporal ;* H. PELLATON, *ancien sous-officier, sapeur-pompier volontaire ;* HUG, *sapeur-pompier volontaire.*

Conches

M. LEFORT, *capitaine.*

Damville

M. DUBREUIL dit CHEDEVILLE, *sous-lieutenant.*

Pacy-sur-Eure

MM. Pinat, *lieutenant;* Deshayes, *sous-lieutenant;* Leconte, *caporal.*

Saint-Marcel

M. Bossu, *sapeur-pompier.*

Vernon

MM. Desdouis, *lieutenant*; Deshayes, *sous-lieutenant;* Bosquet, *adjudant*; Gaisneau, Ménage, *sapeurs.*

Arrondissement des Andelys

Compagnie de Sapeurs-Pompiers des Andelys

MM. Malèvre, *sergent;* Dumesnil ✻, *conseiller général*, *sapeur-pompier volontaire;* Cambefort, *sapeur-pompier volontaire.*

Ecouis

M. Clée, *sergent-major.*

Lyons-la-Forêt

MM. Ledanseur, *lieutenant;* Dumont, *sergent.*

Romilly-sur-Andelle

M. Peynaud, *capitaine.*

Arrondissement de Bernay

Compagnie de Sapeurs-Pompiers de Bernay

MM. LELEU, *sous-lieutenant ;* LEMERCIER (Auguste), *sergent.*

Barc

M. CAPLAIN, *lieutenant ;*

Beaumont-le-Roger

M. VAUSSARD, *capitaine ;*

Fontaine-la-Soret

M. MONSILLON, *sapeur-pompier.*

Montreuil-l'Argillé

MM. PIPON, *lieutenant ;* HIREL, *sapeur-pompier.*

Serquigny

M. VY (Augustin), *lieutenant.*

Thiberville

M. VEREL, *sergent.*

Arrondissement de Louviers

Compagnie de Sapeurs-Pompiers de Louviers

MM. DANNET, *capitaine ;* LALUN, *sous-lieutenant ;* LEGRIS, *caporal ;* MILSAN, *sapeur-pompier.*

Notre-Dame-du-Vaudreuil

M. Lesieur (Jules), *sapeur-pompier*.

Saint-Cyr-du-Vaudreuil

M. Lesaulnier, *capitaine*.

———

Des médailles d'honneur, destinées à être attachées à leurs drapeaux, furent décernées aux trente-et-une compagnies du département de l'Eure, qui avaient répondu à l'appel qui leur avait été fait par le Gouvernement. Ce sont les compagnies de :

Andelys, Barc, Beaumesnil, Bernay, Beuzeville, Bonneville (la), Bosguerard-de-Marcouville, Breuilpont, Brionne, Broglie, Conches, Damville, Ecouis, Etrépagny, Evreux, Fleury-sur-Andelle, Gaillon, Louviers, Lyons-la-Forêt, Notre-Damedu-Vaudreuil, Pacy, Pont-Audemer, Pont-Authou, Pont-de-l'Arche, Pont-Saint-Pierre, Romilly-surAndelle, Rugles, Saint-Cyr-du-Vaudreuil, SaintMarcel, Serquigny, Thiberville, Vernon.

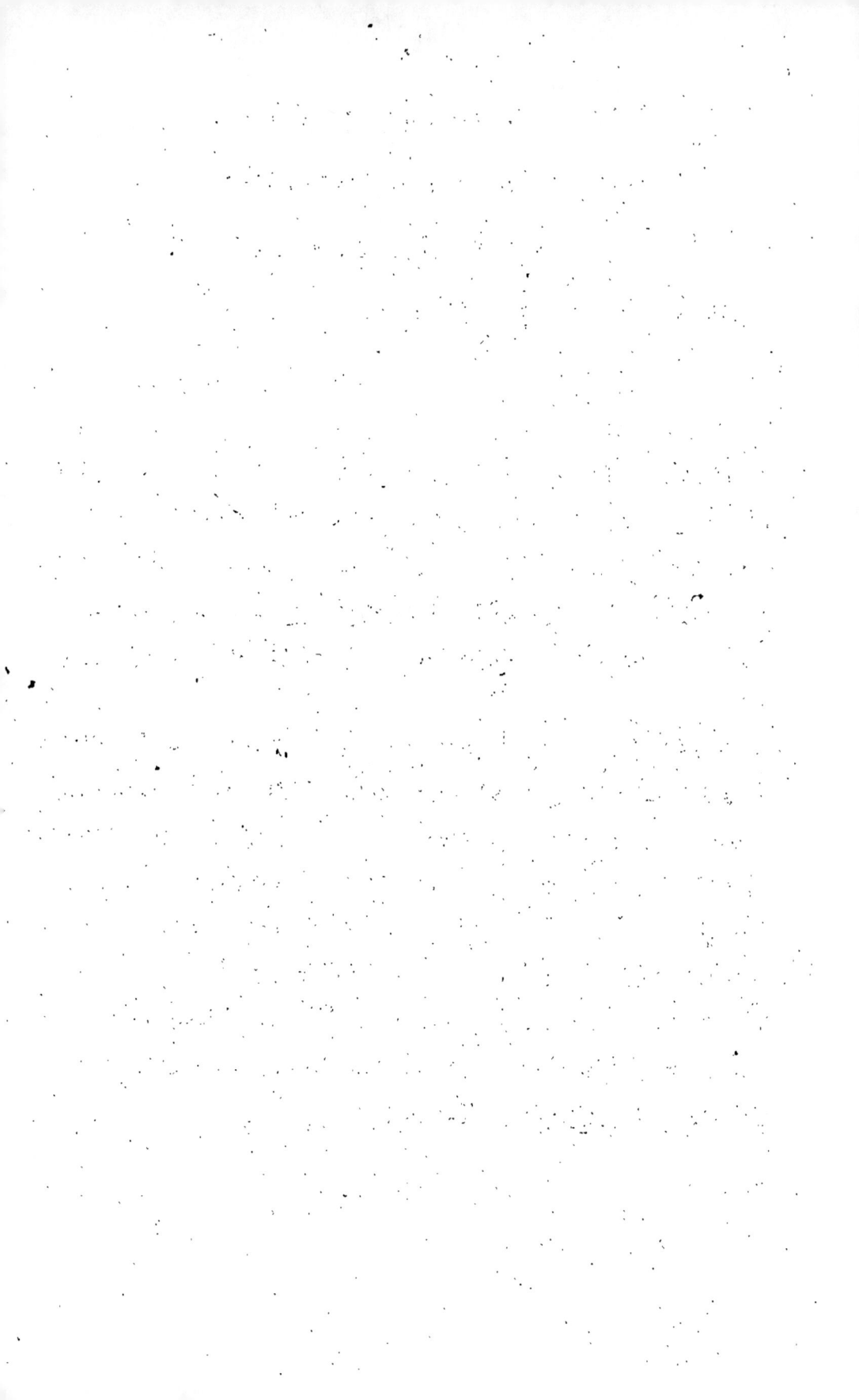

ÉVREUX. — E. QUETTIER, IMPRIMEUR, RUE CHARTRAINE, 33

www.ingramcontent.com/pod-product-compliance
Lightning Source LLC
Chambersburg PA
CBHW072116090426
42739CB00012B/2994